U0067130

電視文化理論
Television Theories

馬傑偉／著

孟　樊／策劃

出版緣起

　　社會如同個人，個人的知識涵養如何，正可以表現出他有多少的「文化水平」（大陸的用語）；同理，一個社會到底擁有多少「文化水平」，亦可以從它的組成分子的知識能力上窺知。眾所皆知，經濟蓬勃發展，物價生活改善，並不必然意味著這樣的社會在「文化水平」上也跟著成比例的水漲船高，以台灣社會目前在這方面的表現上來看，就是這種說法的最佳實例，正因為如此，才令有識之士憂心。

　　這便是我們──特別是站在一個出版者的立場──所要擔憂的問題：「經濟的富裕是否也使台灣人民的知識能力隨之提昇了？」答案

恐怕是不太樂觀的。正因為如此，像《文化手邊冊》這樣的叢書才值得出版，也應該受到重視。蓋一個社會的「文化水平」既然可以從其成員的知識能力（廣而言之，還包括文藝涵養）上測知，而決定社會成員的知識能力及文藝涵養兩項至為重要的因素，厥為成員亦即民眾的閱讀習慣以及出版（書報雜誌）的質與量，這兩項因素雖互為影響，但顯然後者實居主動的角色，換言之，一個社會的出版事業發達與否，以及它在出版質量上的成績如何，間接影響到它的「文化水平」的表現。

那麼我們要繼續追問的是：我們的出版業究竟繳出了什麼樣的成績單？以圖書出版來講，我們到底出版了那些書？這個問題的答案恐怕如前一樣也不怎麼樂觀。近年來的圖書出版業，受到市場的影響，逐利風氣甚盛，出版量雖然年年爬昇，但出版的品質卻令人操心；有鑑於此，一些出版同業為了改善出版圖書的品質，進而提昇國人的知識能力，近幾年內前後也陸陸續續推出不少性屬「硬調」的理論叢

書。

　　這些理論叢書的出現，配合國內日益改革
與開放的步調，的確令人一新耳目，亦有助於
讀書風氣的改善。然而，細察這些「硬調」書
籍的出版與流傳，其中存在著不少問題。首先，
這些書絕大多數都屬「舶來品」，不是從歐美
「進口」，便是自日本飄洋過海而來，換言之，
這些書多半是西書的譯著。其次，這些書亦多
屬「大部頭」著作，雖是經典名著，長篇累牘，
則難以卒睹。由於不是國人的著作的關係，便
會產生下列三種狀況：其一，譯筆式的行文，
讀來頗有不暢之感，增加瞭解上的難度；其二，
書中闡述的內容，來自於不同的歷史與文化背
景，如果國人對西方（日本）的背景知識不夠
的話，也會使閱讀的困難度增加不少；其三，
書的選題不盡然切合本地讀者的需要，自然也
難以引起適度的關注。至於長篇累牘的「大部
頭」著作，則嚇走了原本有心一讀的讀者，更
不適合作為提昇國人知識能力的敲門磚。

　　基於此故，始有《文化手邊冊》叢書出版

之議，希望藉此叢書的出版，能提昇國人的知
識能力，並改善淺薄的讀書風氣，而其初衷即
針對上述諸項缺失而發，一來這些書文字精簡
扼要，每本約在六至七萬字之間，不對一般讀
者形成龐大的閱讀壓力，期能以言簡意賅的寫
作方式，提綱挈領地將一門知識、一種概念或
某一現象（運動）介紹給國人，打開知識進階
的大門；二來叢書的選題乃依據國人的需要而
設計，切合本地讀者的胃口，也兼顧到中西不
同背景的差異；三來這些書原則上均由本國學
者專家親自執筆，可避免譯筆的詰屈聱牙，文
字通曉流暢，可讀性高。更因為它以手冊型的
小開本方式推出，便於攜帶，可當案頭書讀，
可當床頭書看，亦可隨手攜帶瀏覽。從另一方
面看，《文化手邊冊》可以視為某類型的專業
辭典或百科全書式的分冊導讀。

　　我們不諱言這套集結國人心血結晶的叢書
本身所具備的使命感，企盼不管是有心還是無
心的讀者，都能來「一親她的芳澤」，進而藉
此提昇台灣社會的「文化水平」，在經濟長足

發展之餘，在生活條件改善之餘，國民所得逐日上昇之餘，能因國人「文化水平」的提昇，而洗雪洋人對我們「富裕的貧窮」及「貪婪之島」之譏。無論如何，《文化手邊冊》是屬於你和我的。

孟樊

一九九三年二月於台北

序　言

　　這本書介紹電視理論，並無娛樂性豐富的
具體案例分析，但我盡量使用淺白的語言，將
馬克思學派、文化研究、自由主義、後現代主
義等錯綜複雜的思潮運用於電視研究，讓讀者
對電視、社會與文化的關係，有一個宏觀與微
觀並重的多元視野。

　　這本書原以英文撰寫，部分發表於拙著
Culture, Politics and Television in Hong Kong
(Routledge, 1999)，現簡化綜合，由曾凱恩及蕭
子文譯成中文，特此致謝。本書的出版得感謝
總編輯孟樊兄用心聯絡鼓勵，在此再三致謝。

馬傑偉

目　錄

出版緣起　i

序　言　vii

第一章　混雜理論　1

第二章　強勢電視　11

　一、電視研究的強勢意識論　15

　二、理論背景　16

　三、強勢意識論主要命題　24

　四、批評　36

第三章　多元歧義論　43

　一、理論背景　44

　二、理論重點　55

　　三、批評與回應　61

第四章　曲線批評　67

第五章　電視文化　83

　　一、電視意識論　87

　　二、電視意識的第三種選擇　92

　　三、總結　124

參考書目　127

第一章
混雜理論

　　電視是現代社會的文化搖籃。在二十世紀，電視已大大地取代了電影、收音機、雜誌和報紙，而成為最有滲透力的媒介。Comstock（1989）就曾指出，如果將電視的滲透能量畫成一幅發展座標圖，其形狀必如閃電，快速深入社會。除此之外，電視也是我們最重要的社會和文化元素，是我們日常生活的「最佳伴侶」，不分晝夜地為我們提供資訊和娛樂、牽動我們的情緒、吸引我們的注意力。同時，它亦無聲無息地透過其寫實或戲劇性的節目，選擇性地將現實的一部分再現，並使之成為「真實」，進而建構著我們的「常識」。而我們看

電視，往往是利用觀看活動，分享節目中的共
有文化（Carey, 1995），同時建立自己的社會
意識框架（Silverstone, 1981）。

　　電視對行為的影響較受關注，但是電視的
文化角色常被研究者忽略，因為它常被視為通
俗低級的藝術，相比起來，電影的藝術性似乎
較高，也較多人研究。收看電視是一種「低參
與行為」（Barwise & Ethrenbery, 1988）。觀
眾看電視，通常於家居環境，不會像看電影那
樣集中精神。為了吸引觀眾的注意，電視節目
都會不厭其煩地，同時運用各種不同的符號，
如：影像、圖案、聲音、音樂及聲效。這些元
素重複使用，說一句我恨你，除了用表情，還
用音樂、對白，務求說得清清楚楚，因而欠缺
藝術的含蓄。而傳統以來，藝術品都被定義為
精妙、優雅，並具有原創性的製作。但電視作
為大眾媒介則需要簡單，並盡量符合最多人的
口味，因此就欠缺了一般被認為藝術品應有的
優雅和簡約特性。電視既是由重複的符號所構
成，因此被認為是美學上有缺憾的通俗文化產

物。結果是，有不少傳統學者和傳媒研究人員，都不喜歡以電視內容（尤其是娛樂性節目內容），作爲研究文化的核心。

當然，亦有不少研究人員，精心分析電視節目對閱聽者的行爲及心理影響，例如對性、暴力及宣傳訊息的反應。直到最近，才有學者開始利用電視節目作爲文化分析的文本[1]。前者傾向於功能主義，後者則傾向於批判主義及文化研究。到目前爲止，從功能研究到批判和深度分析，均被歸類爲「電視研究」。可以說，電視研究仍然是一個欠缺明確範疇的學科[2]，這本書的目的，就是希望爲大家介紹電視意識形態和電視文化的一些初步理論發展。

在這篇導言之後，本書的第二章將以「強勢意識形態論」（dominant ideology thesis）的角度，說明電視媒介的強大意識形態力量。而第三章則介紹一個與之相對立的多元歧義論

[1]見 Barker & Timberg（1992）。
[2]見 Hartley（1992）、Allen（1992）及 Burns et al.（1989）。

（polysemy thesis）。我將以兩套理論作比較，解釋電視並沒有固定的主導意識，在意義上其實是多元流向的。為解開理論脈絡的對立性，我將會從這兩個理論的源頭出發，分別概述理論的內容，綜合其主要成分，以及討論反對的論點，第四章則介紹這些理論的最新修訂及發展。

在第五章，我會結合這兩個對立的論說，提倡一個修正式的電視意識論。這個理論的核心是：電視意識形態有不同程度的開放性，但同時亦含有多元歧義的空間，用理論術語來說，電視就是多元空間的論述競逐場域。

在未進入第二章前，我想先介紹一下這本書揉合兩派學說的分析進路：本書介紹及引用了兩套相對立的學說——政治經濟學及文化研究。英國的媒介研究，大致可劃分成這兩大傳統[3]。前者較偏向唯物論的思維，研究對象多

---

[3]當然，亦有爭論認為這種分野過於概括（見 Garnham, 1995; Carey, 1995）。

集中於媒介擁有權、媒介經濟、媒介組織，研究方式側重社會學、政治學及組織學的方法。後者屬於人文學的方向，研究主要集中於文本以及閱聽人研究，方法學上則較偏向定質和民族誌的方式。

　　這個分野固然相當概括，但它卻代表了兩種常被視為壁壘分明的研究傳統。然而，這兩種研究都有明顯的弱點。大眾傳媒有一種二元性，它是物質（material）和論述（discursive）的、經濟（economic）和象徵性（symbolic）的，也是工業（industrial）和文化（cultural）的，兩種面向互為因果，不能分割。可惜，很少學者同時承認這兩個面向，只集中研究其中一方，往往就忽視了另一方面的重要性。這就如 Murdock（1989a）所說，媒介研究常出現一個斷層，把媒介的二元性分家，這可謂是兩個傳統學派互不往來，甚至是同行相輕的不良後果。

　　有些政治經濟理論認為，「意義是沒有競爭性的」（Hall，1989:50），物質基礎決定了

上層意義，象徵符號往往只在經濟概念下被解釋。認同此理念的學者（例如：Garnham, 1995），皆不認為意義具競爭性，只承認意義是建構於媒介的經濟狀態之上。然而，據近期的閱聽人研究顯示，文本與閱聽人之間，其實存在著更為複雜的文化邏輯及多元的解讀，縱使經濟活動會決定文化活動，但卻不能解釋及決定多變的意義是如何被建構（Grossberg, 1995）。在文化的多重建構下，經濟及文化之間，就不見得有簡單的從屬關係了。

　　值得一提的是，在政治經濟學上具領導地位的學者 Graham Murdock，亦同意這個反對的論調，還願意為這個政經學派的錯誤負上部分責任（1989a）。他承認在其早期的一些主張中，理念背後均離不開一個信念，就是不管分析有多深入、有多廣闊，最終都是回到經濟的範疇裡；他近年認為，經濟與象徵概念之間這種打不破及一對一的關係，是有必要作出修訂的。因此他提出以經濟作為分析的起步點，而非終點：「在傳播活動的社會空間建構過程

中，經濟動態是不可或缺的因素，但在這空間裡，象徵領域則有其獨立的運作法則，其形態是可以獨立於經濟的」(Murdock, 1989b:230)。即是說，經濟因素可以作爲起步點，但由此而生的文化因素，卻可以運行到不同的終點。經濟不能決定一切文化意義。

以上是政治經濟學的一些基本立場。至於在文化研究方面，象徵與經濟之間，卻沒有必然的聯繫，文化被提升爲獨立的分析依據。Fiske (1987)就把「財務經濟」(fiscal economy)的理念與「文化經濟」(cultural economy)的理念分開，兩者獨立運作，並提升了閱聽人活動在意義建構上的重要性，使其從權力結構中釋放出來。換句話說，就算在「財務經濟」中，官商勾結，在電視炮製資本主義大話，但閱聽人卻可以在「文化經濟」中，化解強勢意識，自行創造意義。這說明了 Fiske 的一個論調：人們不需要擔心閱聽人會受到主流電視節目的意識限制，因爲閱聽人是活躍的，他們會從電視的主導訊息中，生產出多元的文化意義。

　　Fiske 的論點備受政治經濟學家的批評，
認爲他的看法過於武斷（例如：Golding, 1990）。
當然，Fiske 的論點不能代表整個文化研究的
傳統，因爲當中有不少文化學者反對意義不受
限制的說法（例如：Morley, 1993）。文化研
究雖然常被指爲太過忽視文化建構背後的政治
經濟動力，然而不把經濟因素放在第一位，並
不等於無視強勢意識形態的威力。相反，有不
少文化研究學者，都採納了批判理論，並花了
很大的精力，去鑽研霸權的不同形式。在文化
研究陣營中的批判學派，很強調強勢文化與傳
播產物之間的複雜建構關係。這論點是英國文
化研究一個最重要的特點，並有利於文化研究
與政經學派的結合。合併兩派的觀點，可更深
入地去解釋媒介中的意識形態。

　　上述都是用來結合政治經濟和文化研究觀
點的重要元素（Curran, 1990a:133）。如 Murdock
（1995）主張，批判式政治經濟學，能有效地
解釋誰有權跟誰說話，以及解決象徵層面是以
何種物質基礎出現。同時，他也肯定文化研究

的貢獻，在於有效地說明大眾論述的建構過程
和不斷變異的方式，而這些意義又會在日常生
活中再生產、協商，以及不斷競逐。本書的論
點，就是希望能揉合這兩個研究傳統的優點。

　　文化研究與政經學派，各自都只能說明傳
播研究其中的某一些精髓，兩者亦沒有共識，
結果只有在學術討論中不斷爭馳。我嘗試找出
當中可能存在的「第三個可能性」。在下面幾
章的分析中，將會有不同的方向和重點，試圖
連結不同的論調，以得出較有彈性的取向。我
很同意 Kellner（1995）的說法，能利用複合的
理論去進行研究，則能有更靈活的分析。「含
糊」理論能容納未能預測的歷史因素，並同時
有足夠的理論空間，去容納、修正在特定社會
歷史脈絡中的文化模式及傾向。正如 Kellner
所說：「一種理論有用與否，是決定於什麼時
候以什麼方式使用它。實用處境論者和『多角
度』方法，能開展論述和方法上的多樣性，理
論或多或少都是有用的，分別取決於研究什麼
問題，學者專家怎樣使用，以及期待有一個怎

樣的結果。」（1995:27）本書就是企圖提倡一
種混雜多元的理論取向。

第二章
強勢電視

　　長久以來，傳媒評論者都關注電視意識，電視普遍被認爲是資本主義社會的一個基本建制，發揮著支撐、維持及再造強勢意識形態等功能。然而，近年的有關討論，常關注到媒介解讀人的主動性及電視內容的多元化。電視意識形態的統一性開始被質疑，媒介研究學者不再認爲電視只生產單一化的強勢意識形態；相反，他們開始相信電視是一個生產多元意義的場域（Fiske, 1987, 1989a, 1989b）、一個文化的論壇（Newcomb & Hirsch, 1984），或是一個混雜的意識體系（White, 1992）。

　　這些對電視意識形態的不同看法，可粗略

地歸納爲：(1)強勢意識形態論，及(2)多元歧義
論。這兩個論調在對電視文本概念、電視媒介
的意識形態功能，以及其在社會上所處的角色
等問題的理解上，是相當對立的。強勢意識論
認爲，電視文本建構出一致的意識，而這種強
勢意識有利於資本主義社會關係的再生產。相
對地，多元歧義論認爲，電視文本是「民主」
的，意識也是公開的，各種觀點在其中互相競
逐。這個意義競爭的概念，構成了社會多元論
（social pluralism）。對於電視與認同的關係，
這兩個觀點更是明顯地對立。強勢意識論的觀
點，常見於有關階級認同（例如：Aronowitz,
1992）及帝國主義、媒介的全球化、文化自主
等討論之中（例如：Tomlinson, 1991; Schlesinger,
1994; Drummond et al., 1993）。多元歧義論則
強調，電視論述是主觀和自由的，觀眾在詮釋
電視節目時，會主動借用電視文化的各種符
號，隨意選擇或改變個人身分認同（Fiske, 1993;
Kellner, 1992）。

　　這兩個論調不單涉及媒介的範疇，還說明

了媒介在社會建構中的角色。而兩者的差異，亦不單只在對媒介的概念上，而是由於兩者根本建基於不同的社會理論。強勢意識論紮根於批判社會理論，視社會為一個主控與隸屬關係的綜合體，而媒介就是主控體制中的一個意識形態機關。多元歧義論則接近自由主義的觀點，認為媒介及社會是一個多聲道的組合，可以接納不同群體的意見和聲音[1]。但是，強勢／多元的對立，不能算是一個明確的學術分野，兩個陣營之間均存有變數，近年更互相滲透。其一實例就如 Hall（1986a, 1986b, 1985）曾論及大眾媒介的霸權意識形態，但他所關注的是意識形態建構中的多重決定（over-determination）及矛盾現象，論調明顯比典型的強勢意識論來得寬鬆。在另外一方面，Kellner（1995）強調媒介文化的多元本質，但卻修正

[1] 多元歧義論稱其源自文化研究，但看來它是有著自由多元論（liberal pluralism）的特徵，同時，後現代主義理論中亦有些論點與多元歧義論相近，第三章將會對此有詳細的討論。

了 Fiske 對觀眾的顛覆能力深信不疑的態度。

　　由此可見，近年的強勢意識論，對正統馬克思主義作出多種修正[2]，而多元歧義論亦與批判式文化研究學者的傳統很接近[3]。在互相批評下，對立的學派經常會各自提出修訂[4]。本書為了分析之便，才把兩者對立起來，但希望讀者不要忽略兩者異中有同的互動性。然而，話說回來，這兩個對立的論調，也並不是只為了分析而虛構出來，它們在媒介政策及文化自保的辯題上常被引用，所以仍然是分析推論這些問題的兩個重要參考座標。因此，分析這兩個理論的原有形態也是有必要的。在第二及第三章，我將會描繪出這兩個論點的原始論據（即一直在對峙中的馬克思主義及自由主

---

[2]像有關大眾傳播與行為反應，就與強勢意識形態論有著相同的假定，認為媒介是有操縱力量的，而 Curran et al.（1982）則認為馬克思主義與多元主義的傳統並不是絕然相對的。

[3]參見第二章「多元歧義論」的理論部分。

[4]例如：Fiske 近來就曾回應批評而對概念作出修訂（1993，1994）。

義）（Hirst & Woolley, 1982:160），綜合其主要的理論元素，並討論一些批評的論點。我將會嘗試在這兩派學說所衍生的政治理論（例如：Manley, 1983; McLennan, 1989）和媒介理論（例如：Curran, 1991a）中，找出綜合兩者的新方向。我認爲多元歧義論（源於自由主義）與強勢意識論（源於馬克思主義）都有其不足之處，因此，在第五章，我會在這兩個理論中，加入一些補充元素，期望建構出一個較靈活的電視研究基礎。

一、電視研究的強勢意識論

　　強勢意識論源於批判媒介理論。不管分析的對象是電視廣告、肥皀劇、娛樂性節目，還是新聞時事節目，批判研究所提出的訊息都很清楚：電視是生產及再造強勢意識形態的場域，而意識形態的生產，是爲了再造強勢社會關係（Lodziak, 1986）。這個論調，似乎來得

單純了點，但在未詳細分析理論的變異前，我
會先說明強勢意識論初期的發展。

二、理論背景

　　強勢意識論源自馬克思主義的社會鬥爭模
式。這模式已廣為人知，在這裡我只作簡單的
說明。在馬克思主義中，社會是由階級所組成
的，而階級間亦存有鬥爭性。雖然存有階級鬥
爭，但社會秩序仍得以維持，因為強勢階級會
以高壓及游說的方式生產認可（consent），藉
以操縱其他階級接受強勢階級的操控。在認可
出現的過程中，意識形態就成了控制鬥爭及維
持秩序的一個重要元素。

　　強勢意識理論發源於德國的意識形態學
說，其中馬克思及恩格斯認為，統治階層控制
著物質資源，因而可以控制思想意識的生產，
而意識的生產，亦是為了保衛統治階層的利
益。意識形態就如宗教，能夠潛移默化地馴化

從屬階級，並掩飾資產階級的特權。若其他階級能發展清晰的階級意識，階級鬥爭便會成為可能，因此，強勢意識會用各種方法壓抑它，以維護其統治利益。馬克思較為關注物質的生產，而較少討論到意識形態及文化生產的上層建築。意識形態及文化概念，在馬克思理論上發展不足（Bennett, 1982），留下很大的空間，所以後來出現眾多修正理論。而在云云修正學說中，就出現了「強」和「弱」兩種解釋。

「強硬」的說法，乃偏向於灌輸理論，認為強勢意識是可以被所有階級接納的。資本主義在現代的民主社會中，可以透過政治及文化機關，去營造一個和諧及沒有階級的意識，從而隱藏階級剝削及不均等的物質資源分配。「彈性」的說法，則認為馬克思的意識形態學說，是容許多種意識的存在和對抗，但卻強調只有一種意識占優勢及廣泛流通。從這種彈性的角度看，中產階級的民主，就體現出一種「革新主義的矛盾」。「民主」被視為是最「前衛」的政治制度，但這種革新的行徑，卻只會有限

地使階級矛盾浮現，而不會容許根本的階級鬥爭，所以意識形態上也存在著蒙蔽性（McLennan, 1989）。

這兩種所謂「強」和「弱」的說法，在馬克思主義的著作中均可看出來，例如：Miliband認為教育及大眾傳播，都很有效和有系統地灌輸強勢意識形態（1969），而這種強硬觀點可與他近期較為有彈性的論調相對比（1989）。他近年認為：縱使強勢意識表現出一個強大的意圖，去說服從屬階層，或至少使其摒棄與強勢意識對立的信念，但從屬階級不一定會接納主導系統，而強勢意識亦不只表達單一化的訊息，有時更會出現不一致的聲音（ibid:143）。這顯然是由強轉弱的改變。

馬克思的經濟簡約主義，受到不少的批評，但他有關社會秩序的階級鬥爭論說，就啓蒙了不少當代的理論家。當中，Gramsci 及Althusser的批判理論，就是源於馬克思。Gramsci於一九二〇年代，在義大利政治鬥爭的背景

下，建構了「霸權理論」[5]。馬克思主義不能
解釋現代資本主義的成功，以及爲何工人階級
不能凝聚對抗力量。國與國及經濟與社會之間
的複雜關係，使 Gramsci 放棄了經濟簡化論（經
濟決定意識），而接受了一種相對自主的上層
建築（意識有獨立邏輯）。Gramsci 把「物質
生產」，從「民間社會」和「國家」分辨開來：
他將民間社會定義爲一個複雜的機制網絡，裡
面包括了教會、政治團體、大眾傳播，以及其
他的社會機構。民間社會及國家，擁有相互獨
立的自主性，而兩者亦有能力影響其他機構的
運作，霸權就是在這種獨立關係下得以形成和
維繫。霸權這個概念，包含了「主控」和「領
導」的意義，統治階層雖然有高壓手段（例如
軍隊）作後盾，但日常領導民間社會的地位，
是要靠意識形態去維持，令各階層默許其領
導。因此，爲了吸納各個階層，掌握霸權的人

---

[5]Gramsci, 1971; 同見於 Simon, 1991; Sassoon, 1980; Femia, 1981。

就不單只關心自己的階級利益，而更要顧及「普及國家」（national-popular）的興衰。這樣才能「德服天下」，達到長治久安的目的。當危機出現時，統治階層會採取懷柔手段來維持其領導地位，如：吸納對抗的元素、與敵對團體妥協、對民眾的要求讓步等，以有限的改變來換取統治地位的穩固。Gramsci 認為霸權意識並不只是一個簡單的意識，而是一個經過不斷的協商及改變的互動過程。

　　Gramsci 的霸權理論，被廣泛應用於媒介分析，大眾媒介是 Gramsci 所說的民間社會中一個主要的機構，它是一個意識形態鬥爭的場域，可以反映強勢意識，使意識發揮功能。維持霸權統治，並不在於意識形態的脅迫性灌輸，而是在於爭取文化領導地位（Hall, 1982）。正因為強調競爭和領導，Gramsci 的意識理論就相對地來得開放和民主了（Femia, 1983）。強勢意識對無產階級的影響，是防止他們從隱性階級存在（class-in-itself）變成自覺階級發展（class-for-itself）（Walsh 1993:236）。文化領

導，在統治階級而言，是一場防止革命意識團
結的鬥爭，這亦是一場要不斷維持的鬥爭。統
治階級的霸權地位，並不是由物質生產關係自
動決定，而是要統治者不斷爭取才能達到。
Gramsci 的媒介理論，指出媒介不斷炮製一個
強大的霸權領導意識，但同時亦容許較爲弱勢
而多變的意識出現。這理論有利於媒介分析，
因爲它認爲媒介意識形態可以生產和再造，同
時它亦拋棄了古典馬克思主義中的媒介工具主
義和經濟簡約主義。Gramsci 的論述提供了空
間，說明了意識形態的變化和對抗形態，並能
爲社會化過程，以至複雜的大眾認可過程，提
供周密的分析，而非動輒歸因到脅迫性的主導
意識。

　　Althusser 與 Gramsci 均不認同古典馬克思
主義的經濟論。Althusser 主張社會是一個總
體，是由經濟、政治及意識形態等錯綜複雜地
建構出來的，而經濟只是在最後才有影響力；
經濟提供了物質上的條件，但這些條件均會受
到多方面的影響而變化。社會總體是由國家鎮

壓機器（repressive state apparatuses，RSA）及
意識形態機器（ideological state apparatus，ISA）
所維繫。RSA 由國家經營，以武力鎮壓手法來
控制社會。ISA 是多樣性的，包括不同的機構，
如教會、媒介及公共機構，透過意識形態及社
會關係來經營。對 Althusser 而言，個人是物質
社會結構下的一員，透過社會運作，個人就會
處於一個既定的意識位置。透過鎮壓來實行的
社會再生產（social reproduc-tion），是太過冒
失而且代價高昂，因此社會再生產，常會以意
識形態的控制來進行，因爲其運作較爲「自
然」，並能減少物質破壞、促進主控者的物質
利益。換言之，強勢意識，是無形地在從屬階
級中，透過非壓制性的意識過程而產生影響
力。

　　Althusser 定義意識形態是一個「再現系
統」（systems of representation），人們把他們
的想像，聯繫到現實環境中（1972）。Althusser
對意識的定義，已被媒介結構主義者採納，並
進一步將媒介視爲社會再生產的主要意識形態

機構，媒介文本是建構於強勢意識中，用以「召
喚」（interpellate）閱聽人，而閱聽人就成了
強勢意識結構中的一員，在強勢意識中，閱聽
人對文本的閱聽方式，是受「限制」的，閱聽
人均會接受強勢意識所主導的意義。這概念很
明顯認爲意識有著強大的力量。Althusser 和
Gramsci 在這方面仍有分歧，因爲在 Gramsci
的理念中，主控階層的形成及維持皆存有更大
的彈性，而 Althusser 學派的主張，後期被結構
主義者及媒介心理分析學家所採用，發展成一
套媒介文本對閱聽人有強大影響的理論。兩人
的觀點，同中有異。

　　對馬克思主義者而言，在資本主義社會，
資產階級的權力凌駕於從屬階級，要擁有主導
權力，就必須擁有經濟資源。在某種程度上批
判媒介理論家的學說，是溯源自馬克思主義者
的主張。Gramsci 的霸權概念和 Althusser 的意
識形態機器概念，對在批判媒介理論中的強勢
意識論有三大方面的影響：(1)強勢階級對媒介
的控制、方式及程度；(2)媒介生產的基本結構；

(3)意識形態的社會功效。這些論點都在電視研究中出現，而且會刻意或間接地與強勢意識論牽上關係。當然，對於強勢意識的運作、控制媒介的方式，以及媒介如何行使意識的功能，在電視研究裡，都有不同的說法和分析。一些馬克思主義派的媒介研究者，就被批評爲過分工具主義（例如：Herman & Chomsky, 1988），但其中仍有很多研究者是反對簡化論的（例如：Golding & Murdock, 1991）。總括這些批判媒介學派，可歸納出以下三大理論重點。

三、強勢意識論主要命題

(一)命題一

電視傳達強勢意識。

電視被認爲是製作強勢文化模式的一個重要機構，意識形態是透過：(1)建構（construc-

tion）及(2)省略（omission）而出現的。先談意
識的建構。強勢階級的意義系統及理解框架，
建構於電視文本當中，而透過節目的輸出而達
到控制效果。在娛樂節目中，主要角色都會是
強勢的種族、性別及階級（Aronowitz, 1992）；
而從屬階級就只會被安排當一些不重要的角
色，父權式的主控文化在媒介中顯而易見，因
為女性大多會演繹一些弱勢的角色；而主流的
道德觀念，更會在劇情中表達出來，好人終得
好報，壞人必會慘淡收場。媒介又被認為是促
進商業化的媒介，資本主義及消費社會與電視
文化是息息相關的（例如：Gitlin, 1983）。在
新聞及時事節目中，參考框架都有所偏差，新
聞都會經過處理（例如：Eldridge ed., 1993;
Tuchman, 1978），一般都偏向專家及政府高官
的主導式論述（例如：Glasgow Media Group,
1976）。

　　另外，文本強勢亦可經由「省略」的方式
得以實現。最明顯的省略出現在新聞及時事節
目中，媒介的報導手法有很大的不平衡傾向，

將報導集中於個人而非整體，或者把政策的要
點從政治和經濟關係中抽離，單單集中描寫個
人化的衝突（Golding, 1981）。從為數不少的
內容研究發現，娛樂性節目大多強調暴力、色
情及權力，而下層社會的境況及其利益，往往
不會出現在黃金時間。Gerbner 認為欠缺
（absence）可理解作符號消亡（symbolic anni-
hilation）（1973），而同時亦壓制了（Janowitz,
1960）對立意見的發展（Golding, 1981）。就
算有相對意見的出現，也只為了鞏固制度和增
加電視機構的可信度而已，批判式媒介理論家
認為，一些節目或節目中的某些部分，會駁斥
強勢意識，但在總體而言，電視節目還是「小
罵大幫忙」，把意義建構於強勢意識的框架裡，
而相對的意見，就常常被省略，或者經過包裝
才會出現。

　　以上強勢文本亦有「強」與「弱」兩個說
法。「強」的說法論及一個較為「封閉」的概
念，就如 Herman 及 Chomsky 提及的宣傳模式，
認為強勢文本的意識是密不透風的（1988）。

而「弱」的說法，就如 Hall 的製碼及解碼模式
（1973），認為文本不是「封閉」的，而媒介
文本是有意識空間給予優勢（dominant）、協
商（negotiative），甚至是對抗的意義（oppositional
meanings），不同的意義可以同時存在建構體
系當中，但強勢意義仍會占優勢。

(二)命題二

　　強勢意識得以在電視文本中出現，乃歸因
　　於媒介與強勢階級的直接及間接聯繫。

　　Lodziak（1986）指出，我們很容易看出電
視節目是建構於強勢意識中，但是強勢意識的
來源就很難追尋和證實了。在資本主義社會
中，強勢階級與媒介的關係是難以捉摸的，因
為媒介多是私人擁有，應該是獨立自主的。Hall
把問題說得很玄妙：「媒介機構是沒有受到直
接的脅迫或限制的，然而卻很樂意去迎合主流
權力」（1982:86）。問題背後有兩個指標：(1)
媒介與強勢階級的聯繫程度；(2)媒介工作者在

媒介機構中的自主程度。這兩個不同的指標，
使媒介出現不同程度的意識控制：

1.媒介與強勢階級的直接聯繫

　　單從政治經濟的角度來看，電視媒介擁有
權與電視節目意識有密切關係。很多研究均顯
示，媒介機構有權力集中的現象。Eldridge 認
為媒介與強勢階級的關係並不神秘，「商業媒
介機構是牟利機構，有一些很明顯的利益，他
們會直接說出來，但有時就會隱藏利益關係」
（1993:349）。

　　縱使現代媒介不斷發展，有很不同的複雜
關係，但是，其中有不少網絡，令媒介與其他
商業、政治利益聯繫起來（Herman & Chomsky,
1988; Murdock, 1990, 1982）。電視網絡的擁有
者，與政治及經濟利益均不能分割，媒介不斷
傾向集團經營，目的就是為了管理資源的流通
及保障有關的商業利益。雖然有論者認為，現
代的媒介老闆下放權力，給予管理精英作自主
運作，因此媒介是有編輯自主權的。但奇怪的
是，縱使是有自主權，電視節目的內容往往與

媒介擁有者的意識一致，而一些知名的媒介大亨就更有很明確的政治立場。當然不是每一個媒介擁有人都對政治有興趣，但亦不是漠不關心；在機構裡，不直接受控制的記者會猜測老闆的立場底線，作出順從性的自我審查，而老闆偶爾辭退或聘請媒介的「守門人」，則有助阻嚇犯規「越界」的「搞事份子」（Bagdikian, 1990）。

2.媒介與強勢階級的間接聯繫

有時候，媒介擁有人對某些事件沒有明顯的意識取向，又或他們與強勢階級沒有直接聯繫，在這種情況下，強勢意識論又成不成立呢？如果強勢階級並未直接控制媒介，那又如何炮製強勢意識呢？批判式媒介理論家就提供了三種媒介與強勢階級間接聯繫形態。

第一，間接與政府聯繫。為了管理媒介的運作，統治階級都會有一套媒介法規，如稅項、監察及牌照等（Curran & Seaton, 1991），媒介的自主性及自由度是在國家及政治體系中存在的（Hall, 1982）。除了立法，政府也會透過訊

息資源的控制影響媒介的資訊來源。媒介要求
方便快捷的公共資訊，由於實質需要及互利的
原則，大眾傳播媒介便與資訊來源拉上緊密的
關係（Herman & Chomsky, 1988:18）。由於政
府在社會中擁有龐大資訊，所以可以控制資訊
發放，而媒介也間接依靠政府這個重要的資訊
來源。

　　第二，市場影響。政府不一定能成功地控
制媒介，從歐美傳播史來看，市場的力量往往
更大（Curran, 1982）。在美國，傳媒的經濟來
源，主要是來自商業機構的廣告費及贊助費，
結果就如 Schiller 所說，商界吞併（corporate
take-over）現代文化（1989）。不管有什麼意
識定位，傳媒機構的基本原則就是要賺錢
（Murdock, 1982），而賺錢這動機已足以影響
媒介的意識結構。媒介商業化並不是意見自由
化；Curran 曾這樣認為：「媒介老闆以及他的
整個利益集團，擁有龐大的資源，經濟規模大，
主導與它有聯繫的市場，這樣就削弱了市場的
自由開放性。」（1991b:93）。在廣告及訂戶

等收入項目的支配下，媒介只能局部地反映某方面的利益。

第三，文化聯繫。在文化研究的傳統中，媒介與強勢文化的關係，遠比法制及市場的關係密切，由於現今電視製作受到收視及時間的限制，因此就比較容易製作出反映主流文化及意識的節目內容，製作人透過影音語言的傳遞，用最簡單的方法，在電視文本上配置最通用的意義結構及參考框架（ Hall, 1978 ）。在 Hall 的理論中[6]，文化與媒介的聯繫是有彈性的，他認為強勢意識與社會團體間並不一定是相稱的，兩者的關係可以是局部、非決定性及非必然性，但也不是必然的不相干（ no necessary non-correspondence ）。媒介工作者在意識中找尋意義，意識由自主的記者串連，但意識本身卻早已存在於文化之中，並透過媒介再現。

在各種傾向於強勢意識論的學說中，文化

---

[6]參見 Stuart Hall 在 *Journal of Communication Inquiry*（ 1988, vol. 10, no. 2 ）的特別討論，尤其是 Grossberg 跟 Hall 作的訪問。

研究學者不認同強硬版本的必然性及簡化傾向，因此我們很難把文化研究的觀點，完全放在強勢意識論中。而早期的古典馬克思主義形式則更難與文化研究協調。然而，文化研究學者所強調的文化與經濟的「曲線聯繫」，就給了後期批判媒介理論一個非常重要的發展空間。

　　上文談及直接與間接的媒介控制，其中可看到一強一弱兩個版本；「強」的看法認為媒介是強勢階級的宣傳工具，「弱」的看法認為強勢意識並非一致，但兩個版本都有一個共通點，就如 Garnham 所說的：「所有傳播的形態都涉及權力和意向，這些都受制於有限的資源分配」（1990:6）。

(三)命題三

　　電視能有效地發揮意識形態的作用。

　　強勢意識論在電視研究中的其中一項要點，是要說明電視能有效地表現意識形態的威

力。除了強勢意識之外，電視也混合了從屬階級的價值觀及意義系統，利用這種意識的混合，從屬階級就會較容易被吸納到強勢意識之中，從而維持強勢意識的領導地位。然而，這個論說是很難得到證實的。我們可以找到媒介老闆的利益網絡，也可檢視媒介內容的意識取向，卻很難「證明」電視影響閱聽人的意識形態及社會實踐。在前文有關 Herman 及 Chomsky「製造認可」的討論中，媒介被認定為宣傳的工具，用以教授人們價值觀及行為準則，使其能夠融入社會體制中（1988:1）。這兩位學者曾提出不少官商控制媒介的證據，但卻不能直接證實意識形態的實際效果。媒介企業在過去「統管」了文化的發展，已形成了一個「企業資訊文化環境」（Schiller 1989:128）。不管閱聽人是否活躍，他們都是處於強大意識形態中的接收位置，他們是不能免受其影響力的（ibid）。意識的影響就在其中，雖然這點很難得到證實。

　　批判媒介理論運用在心理分析或符號學方

面，則有很不同的演繹：文本的意識效果，在於文本的主控形態，證明文本有強勢意識，就等於證明了文本能達至意識形態效果。這種「文本論」（textualism）的最佳例子，就是七○、八○年代的英國期刊 *Screen*，其中引用了 Althusser 學派的馬克思主義及法國 Jacques Lacan 的心理分析，把媒介閱聽人規制在一套強勢的文本意識裡。相比之下，文化研究學家反對這種結構性的分析，電視表現意識的方法，是以文化想像去表現社會。文本論之中，意識的效果，只是從理論及觀察推斷，而並沒有直接的證據。

　　然而，實證雖少，依然是有的。Philo 曾提出，電視是一個提供公眾信念的有效資源（1990），他發現不同類別的閱聽人，對於一九八四至一九八五年的英國礦工工潮，有不同的記憶及理解。研究發現，電視對此事情的報導，雖然有不同的觀點，但整體來說，其意義並不開放，是有限制的；而在閱聽人方面，解讀雖出現差異，但不同的組別，卻有相當一致

的理解。縱使工潮還算和平和非暴力，但閱聽人卻與新聞的觀點一樣，認爲工潮是暴力的，並指示威者需負責任。有趣的是，有一些觀眾，不管他們同情示威者與否，他們對事情的陳述都與傳媒一致，而且都會記得工潮是暴力的。唯有具不同的政治觀點及社會位置，尤其對工潮有直接經驗的人，對事情的理解才會不一樣。在 Philo 的例子看來，電視在意識形態上是發揮了指責示威者的力量。

　　總的來說，強勢意識論在電視研究上，有三個主要的主張：(1)電視反映了主流意識形態；(2)電視的意識形態是媒介與強勢階級間的直接與間接聯繫的結果；(3)電視對閱聽人能有效地發揮意識形態作用。強勢意識形態論沒有固定的理論根基，流傳著兩個不同版本，政治經濟學家及結構主義學家贊同意識形態灌輸（ideological incorporation）的強硬版本，而文化研究學者就贊同多角度，而且有彈性的意識形態串連（ideological articulation）。

四、批評

　　近年來，強勢意識論在多方面都失去了魅力（ Curran, 1990b; Thompson, 1990 ）。Abercrombie 等學者於一九八四年更提出嚴厲的批評，他們提出歷史事例，來說明強勢意識形態論只是一個假設，而不能經得起實證考驗。在傳統社會，並未有大眾傳播媒介，信息分布局部而不全面。強勢意識形態只可能在強勢階級中出現；一般平民百姓只會實踐傳統角色，根本不熟識統治者那套意識形態的存在。在資本主義社會裡，有了大眾傳播，意識形態才可以廣泛地流傳。但是，就算在現代資本主義社會，強勢階級是很混雜的，而且並沒有一致的意識形態。雖然強勢意識形態很容易透過傳媒到達從屬階級，但意識控制的效果，會因內部的差異而受到質疑。除了歷史分析，Abercrombie 等學者提出大量來自大眾的價值觀及態度的實證數

據：首先，意識形態在晚期資本主義已變得混
雜破碎，強勢意識形態論認爲有強勢意識的存
在，但經 Abercrombie 收集的數據看來，統一
的強勢意識形態是根本不存在的。

　　第二，調查指出大部分工人並沒有融入強
勢階級的價值觀之中。而 Hill 在一九九○年亦
找出進一步的證據，他從八○年代英國社會態
度調查的數據中，發現中產階級的價值觀十分
穩固，但服務性階級就有反抗性及急進平等主
義的價值觀；而工人階級的價值觀，則更爲零
碎，甚至對成規制度有對抗性。從這些結果，
可看出階級間與不同階級內部皆存有意識分
歧，並沒有強勢意識論所主張的一致性。

　　意識形態被用作解釋及維持社會階級的不
平等，但是若如上文所說，意識形態沒有實際
效果，社會秩序將如何維持呢？Abercrombie
等學者認爲，社會秩序乃由經濟脅迫來維持，
從屬階級願意保持從屬位置，是因爲經濟活動
會帶給他們物質回報以維持生活。Abercrombie
等亦認爲意識形態與資本主義並沒有必然的關

係，而強勢意識形態並不需要去隱藏階級鬥爭及保持社會秩序，因為現有的經濟制度會以小量的回報去「賄賂」工人，脅迫弱勢階級，令他們勉強接受現實。這種務實的順從，不一定需要意識形態來成全。

　　Abercrombie 的論調也面對一些學者的反對：這些數據未必能有效地反映意識形態的主導性（Rootes, 1981; Hall, 1988）。有批評認為他們太過著重工人階級，而忽略了其他方面的意識控制，例如 Lodziak 就提出他們沒有考慮到種族主義及性別主義，也是強勢意識的主要部分。事實上，種族主義及性別主義，往往是被媒介建構出來而廣泛流傳到各階層，這個問題就關係到意識形態是否有統一性及強大的力量。Lodziak 認為，Abercrombie 等學者發現了強勢意識形態的矛盾，但卻沒有考慮到流行信念，是會吸納矛盾，聚合衝突，形成一個所謂主流意識形態場（ibid:84）。與 Abercrombie 看法相近的 Turner，後來就修改了他原本的論點：「後現代文化之中，意識形態是沒有單獨

的、主導的一致性」（Turner, 1990:250）。同
時期，另一位同派的成員也修訂了他自己的論
點，認爲社會之中「仍是有流傳著強勢意識形
態，這亦不是社會學想像的無稽之談，而是誰
擁有資本，誰就有主控能力去領導生產力，並
且有真正的經濟能力在多方面主宰意識形態」
（Hill 1990:32）。不論這些爭論如何反覆，批
評的中心點仍是強勢意識形態中的內在矛盾，
以及指出從屬階級並沒有一套標準共識，所以
它實際上並無足夠強大的力量去迷惑從屬階
層。

　　上述 Abercrombie 等學者對強勢意識論的
批評，是在概括的社會理論範疇，而 Lodziak
對強勢意識論的批評，則集中在電視研究方
面。他反對電視研究中的「媒介中心化」及「意
識形態中心化」兩種傾向。所謂媒介中心化，
是指批判媒介理論太重視媒介的獨立效果，而
忽略了電視並不是唯一浸透人心的力量。媒介
因素與非媒介因素，如家庭、教育、階級，都
有重要作用。然而，傳媒學者往往誇大了傳媒

（尤其電視）的影響力。而所謂意識形態中心
化，是指批判媒介理論過於著重媒介的意識形
態影響，他與 Abercrombie 等學者都認爲，意
識形態的內容在多方面，都不能充分說明爲何
低下階層接受和依從權力建制。從屬階層未必
相信強勢意識，他們依從建制，其實可能只是
接受現實的一種務實策略而已（Mann, 1973）。
通俗的說法，是「爲五斗米折腰」，爲討生活
而容忍建制（Garnham, 1993）。從屬階級不一
定會融入強勢意識形態中，但可能會很實際地
接受強勢階級，因爲他們會從資本主義體制
中，得到微薄的物質回報。因此，在社會文化
的再生產過程中，意識形態只會是其中一個小
環節（Walsh, 1993）。Lodziak 提出一個多面
化的觀點：電視的角色，只是在其他社會結構
及運作下的互動因素中的一個。

　　總括來說，對強勢意識形態論的批判，可
引申出下列觀點：(1)在強勢階級中，存在著一
個強勢意識形態場域，強勢意識在媒介中表現
出來，但其意識成分並不一致；(2)強勢意識形

態場域能有效地統合強勢階級，而媒介就成了統合工具之一；(3)但強勢意識形態場域不能透過媒介，向從屬階級灌輸一套一致的意識標準。資本主義系統得以延續，是存有很多非媒介因素的；意識形態亦不是社會再生過程中的唯一元素。

　　這些評論，對強勢意識形態論的「強硬」版本，提出有力的批判，指出在生產控制、文本意義限制及意識形態效果上，都沒有絕對的強勢；然而，對於較「彈性」的版本，上述批評就影響不大，因為從電視產品中，事實上仍可看出一個強勢意識的框架；強勢階級仍是可以滲透網絡關係去引導媒介；電視仍是發揮著意識形態的效力。電視有時會吸收另類觀點，但不會讓顛覆性的意識得以壯大。這種「彈性」的強勢意識論在猛烈批評之下，仍能站得住腳。

　　不過，如果將上述的批判引申一下的話，是可以進一步去挑戰「彈性」版本的強勢意識論的，在 Abercrombie 等學者的新著中，有一

章就專門討論流行文化及意識形態效果
（Abercrombie, 1990）。Abercrombie 借用現有
的製作研究（例如：Tulloch & Alvarado, 1983）、
文本研究（例如：Hurd, 1981; Clarke & Clarke,
1982）及閱聽人研究（例如：Morley, 1980）
去辯證意識形態的傳遞，是可劃分成三個階段
的：生產、文本和接收。在這三個層次，「彈
性」意識論都面對很大的挑戰。在生產的層次
上，文化生產者的「意識形態傾向」受多層人
力分工所影響，令所產生的文本有混雜而非一
致的意識。在文本的層次上，文本本身就常有
主流論述及反抗論述的彼此爭執。在接收層次
上，分歧就更大了。這些論點，可發展為電視
意識多元歧義論及閱聽動態論，這些論調用了
自由主義的邏輯，無論對強勢意識論的強與弱
版本，都進一步提出更嚴峻的挑戰。在下一章，
我將會對此作出詳細的分析。

第三章
多元歧義論

　　強勢意識論在近幾十年來，都是批判學派
電視研究的中心命題，多元歧義論的出現，對
它實在是一項很大的挑戰。近十年間，「多元
歧義」概念常常出現在與電視有關的學術文獻
上，成了電視媒介的一個重要概念，同時亦為
現今的電視研究提供更廣大的理論根基。這個
轉變，可說是標誌著傳播研究的「解讀轉向」
（ Evans, 1990; Carragee, 1990; Livingstone,
1992 ）。這個趨勢一反實證論的取向，反對線
性傳遞模式及馬克思學說的工具簡約主義。簡
單來說，多元歧義論認為，閱聽人是活躍的，
電視文本含有多重意義，而對文本的理解也是

多方面的。在這一章裡，我將會討論多元歧義
論的理論背景，說明它的基本內容，以及歸納
一些批評論點。

一、理論背景

　　多元歧義論是從文化研究發展出來的，在
第二章，我已經說明電視意識為何愈來愈受爭
論。強勢電視意識論已變得不合時宜，因為研
究發現，閱聽人會對電視內容產生多種不同的
詮釋。其實，這個論點可以回溯 Hall 在一九七
三年提出的製碼／解碼模式，他認為文本是經
由一個製碼的意義製造過程，所炮製的文本，
有空間給予閱聽人作多元解讀的。Hall 指出，
文本意義的產生，來自三種解讀方式：優勢解
讀（preferred reading）、協商解讀（negotiated
reading）、對抗解讀（oppositional reading）。
在他的理論中，雖然強勢意義仍建構於文本
中，但文本亦同時能提供空間給予非主流的解

讀方式[1]。

　　Hall 的理論是建構於七○年代，當時的學者們熱衷於傳播決定論及媒介內容分析的實證主義，研究大多集中於電視對暴力及性行為的負面影響。所以有不少批判媒介理論家嘗試提出抗衡觀點，開拓新視野，發掘電視的文化意義。Hall 的解讀模式，就是其中最著名的理論[2]。雖然這些批判派學者不斷為電視意義開拓理論空間，但 Hall 的模式似乎通不過實證的考驗。Morley（1980）就曾經把 Hall 的觀點，應用在閱聽人的實證研究上，最後發現無法解釋為什麼不同組別的觀眾，對於電視文本會歸納出不同的意義，在研究中也不能顯示強勢階級和從屬階級一定會出現優勢和協商解讀。Hall 提出的優勢／協商／對抗解讀，很難串連到社會階級分布。Morley（1993）仍認同製碼／解碼模式，不過他集中發展這個模式中的解讀部

---

[1] 請見第四章有關 Hall 模式的優勢解讀及優勢意義。

[2] "Reflections upon the Encoding/Decoding Model: an interview with S. Hall." in Cruz & Lewis, 1994.

分，提出閱聽人多元解讀的理論，成為一家之
言。Fiske（1987）就進一步發展多元歧義論，
認為文本對閱聽人而言是完全開放的。

　　多元歧義論對批判學影響深遠，其理論也
是當代批判媒介研究的中心議題。多元歧義論
把電視的意識效力看得十分薄弱，認為文本分
析法很有商榷餘地，更把傳媒機構研究看得微
不足道。原因是：如果閱聽人是活躍的，他／
她就有能力去抵抗文本的強勢意識，那麼單向
的媒介意識效力的論點，就難以成立了；如果
文本是多元歧義的，意義就不會停留在文本的
結構上，也無需用文本分析去發掘文本的意義
結構；如果對文本的理解是開放的，學者就不
需要專注研究媒介機構如何生產文本的意義
了。多元歧義論強調文本開放、閱聽自主，因
而挑戰了政治經濟論，也挑戰了文化研究學者
的優勢閱讀論。

　　在過去十年間，批判媒介研究經過不少重
要的修正，漸漸靠近多元歧義理論。Curran 及
Gurevitch（1991）就指出，批判理論的重點，

已經從強勢意識論，轉移到更爲多變化的意識
鬥爭；從意識決定論，轉移到強調相對性、自
主性和不確定性；同時，亦從文化的生產及操
控，轉移到日常生活的文化實踐上。Curran
（1990b）認爲這種批判學派的修正主義，乃
近乎多元歧義論的觀點，他甚至認爲很多修正
主義的新觀點，也不外乎是自由主義的新瓶舊
酒。Curran 的描述，道出了多元歧義論的混雜
理論傳統。

　　在多元歧義論的混雜傳統中，Fiske 作爲多
元歧義論的提倡者，直言自己深受英國文化研
究的影響。然而，他淡化了英式文化研究的宏
觀批判性，強調符號的開放，媒介文本是觸發
多元論述的場域，而閱聽人則能「控制」論述
的生產和演繹。閱聽人本身是活躍的，且有能
力去對抗文本的強勢意識。這個論調聽起來與
自由主義很接近。由於理論元素混雜，我會先
嘗試爲多元歧義論勾劃出一個簡單的脈絡。

　　James Carey 在早年提出一個傳播模式，指
出媒介是一個文化符號和意義交換的地方，閱

聽人並不是被動地接收訊息，而是主動地參與
製造意義。他把傳統的單向傳播過程概念，改
變爲一個人類學式的意義分享禮儀。

　　Carey 的禮儀模式得到廣泛的接納，還成
了美國文化研究中的一個理論原型。美國及英
國的文化研究有相近之處，但亦有重大的分
歧，兩者都同樣強調文化與日常經驗，但前者
的禮儀觀點較接近於自由主義論，而不多談權
力對多元意義的不平衡控制（Hardt, 1992）。
Carey 的觀點強調文化的團結性，其中即使有
分歧及競爭，也會被規限在共有的意義當中。
Newcomb 及 Hirsch 進一步把電視看成一個文
化論壇，各種價值、觀點、意義在其中交換轉
化（1984）。這正好表現了禮儀模式中的多元
特徵。Newcomb 及 Hirsch 把這個模式放進電
視研究中，並把電視媒介看成是一個充滿競
爭、矛盾的場域，電視就好像一個主持人，提
供了一個「意義鬥爭」的舞台，而閱聽人就被
邀請參與這個意義協商的過程。在方法學上來
說，Newcomb 及 Hirsch 認爲，研究者應該像

列一張清單一樣，把這些多元意義的項目，逐
一描述出來，使閱聽人、創作人等可以從中推
論出各種紛陳的意義（1984:71）。Newcomb
及 Alley（1983）就訪問了電視劇的製作人，
發現縱使有商業上的妥協及機構上的限制，電
視劇製作人仍可以在劇中加入一些自己的價值
觀及世界觀，而電視就成了製作人及閱聽人交
流價值及意義的地方了。

　　Rothman（1992）等學者就替上述論說，
提供了定量的實證。他們以內容分析的方法，
研究一九五〇年至一九八七年美國的黃金時段
電視劇。相對於認為「電視是建基在現存制度
下」的論調，他們發現這說法只適用於五〇年
代的電視節目，而對於八〇年代經過不斷革新
後的電視，就不太適用了。他們發現，八〇年
代以後，電視比公眾還要強調男女平等，而生
意人就會被描寫成罪惡或愚昧的人物，黑人會
常出現在電視中，更會有較正面的形象，電視
節目意識不會比公眾意識前衛很多，但卻帶領
著美國走向更自由的方向。數量化的研究方

法，招來不少媒介學者（尤其是文化研究學者）
的批評，但 Rothman 等學者同時結合了文化研
究的方法，說明他們的研究結果是建基於詮釋
學的內容分析（1992）。從他們的結果看來，
電視已不只是一個文化論壇，它更是自由民主
社會中，表現和觸發文化進展的一個場域
（1992）。從上述論說，可以看見早期多元歧
義論強調媒介意識的獨立性，並且肯定現存的
政治經濟架構，而媒介則為建制中的活躍份
子，這論點與自由主義及現代主義頗為相近。

　　不過，現今談論多元歧義，都會夾雜著後
現代主義的概念，例如強調媒介的文化混雜性
及分裂性。多元歧義論其實兼有後現代主義及
自由主義的性質。後現代主義是一個令人困惑
的名詞，我不打算在這裡詳細說明[3]，我只談
及與媒介有關的部分，並說明它與多元歧義論
的異同。後現代主義就如多元歧義論般，對馬

---

[3] 見 Connor（1989）的介紹部分；Best & Kellner（1991）
的批判性介紹，及 Jameson（1991）的深入討論。

克思主義、傳統政治經濟學及韋伯理論中的意
識形態問題，均提出嚴厲的批評。而強勢意識
論就屬於這些大理論的一部分，認爲電視意識
能建構現實的從屬關係。比較之下，後現代主
義卻肯定了媒介意識已變成現實的一部分（或
反過來說，現實也有媒介幻象的性質）。
Baudrillard 的後現代理論，說明了影像和現實
並沒有本質上的分別，兩者是可以互相取代
的。在現代主義，符號代表現實中某些東西，
而意識形態則扭曲了其代表性；但在「模擬真
實」的後現代，符號並不代表什麼，它們就是
現實，背後不必依靠現實撐腰，所以根本談不
上意識形態如何扭曲現實。Baudrillard 宣告：
根本就沒有意識形態，有的只是真實影像，或
影像真實（1988:120），影像脫離了現實及意
識形態的束縛，媒介文本及現實經驗分裂了，
在電視文化中，再也沒有影像及現實的一致
性，亦沒有抽象的意識形態，而只會有破碎又
不完全的敘述、不平衡又互相顛覆的段落，以
及混雜不羈的流行影像。

　　多元歧義論是採納了後現代主義的方向，認為物質並沒有統一的意識，同時亦強調電視文化的破碎性、異質性和混雜性。然而，兩者卻有一個很不同的地方：多元歧義論是建基在物質主義的社會中，而後現代主義卻不一樣。多元歧義論的主要倡議者 Fiske（1991）認為，由於後現代主義完全否定了文化經驗中的社會性及物質性，因此要同「極端後現代主義」劃清界線。Fiske 一方面肯定了後現代主義的解放性，因為它擺脫物質決定論的八股，而認為從屬階級也可利用結構中的斷裂空間，爭取個人解脫；但另一方面，Fiske 卻仍對之有所保留，認為後現代主義把物質結構的多重決定能量一筆勾消，無疑只會令人放棄對建制的抗爭（ibid:65）。雖然真實（物質性真實）及非真實（媒介真實）已連結在一起，但兩者的差異卻不是如後現代主義所說的那麼容易抵消（Fiske, 1994:63）。在後現代主義中，媒介是視覺和聽覺的符號碎片，因而只有表面意義，並沒有深層、穩定的意義內涵。換句話說，後

現代主義把「意義」溶化掉，「意義」不再是
研究的重心。

　　但是，「意義」仍是多元歧義論的中心內
容，這個重點與後現代主義化解「意義」的觀
點有頗大衝突。而事實上，多元歧義論（the
polysemy thesis）這個詞中，polysemy 的字根
semy，就是「意義」的意思。影像是有意義的，
而其意義就是關聯到它的物質性及社會性，
Fiske 認為對於貧困階級來說，媒介的意義就很
容易被階級關係的物質性及社會性所限制，而
同時也會被現實及意識形態所維繫著。社會群
體愈被物質條件及政治意識所限，對抗的可能
性就愈少。解讀的對抗可能有，但社會實踐上
的對抗就很困難。後現代主義所說的解讀自由
度，需要擺脫物質束縛，並有高度的社會及文
化變異性和流動性，那就需要有高度的經濟和
文化資本。（Fiske, 1991:60）後現代主義者們，
大都是擁有優厚物質及社會文化資本的人，所
以較容易奢談物質解構。相對於後現代主義的
觀點，Fiske 指出，物質可以限制意義的產生，

但不管閱聽人受到何種物質性的限制，他／她
們仍是有能力去製造意義，並有可能超越文本
中的既定意義（ibid）。

　　看來，後現代主義及多元歧義論，同時接
受媒介的開放性，所以兩者都能與自由主義並
存[4]。弔詭的是，這三者雖可兼容，但其實都
有互相對立的前提：自由主義相信理性因果及
社會發展；後現代主義卻質疑理性因果，也不
相信線性進步，只著重於當下存在本位的獨特
性；多元歧義論源於批判文化理論，但又挑戰
強勢意識及政治經濟學。

　　三者雖有不同，不過都在理論上不同程度
地容許、容忍或提倡市場力量。自由主義提出
市場力量，市場是其理論的必要部分，因爲市
場的多元競爭能產生多元媒介及自由社會；但
後現代主義不把市場放在眼內，因爲文化有變
異的能力，不管市場力量存不存在，後現代社

---

[4]請見 Larrain（1994）有關後結構主義及後現代主義的討
　論。

會過盛的符號，俱能對市場的操控迎刃而解；
多元歧義論則認爲，改變市場系統的結構是多
餘的，因爲媒介消費者可以抵抗強勢意識，把
脫軌的文化意義，主觀地加諸於媒介文本中。
不管這些理論的出發點是什麼，它們最後都不
同程度上接受了晚期資本主義的自由市場經濟
的現實。

二、理論重點

多元歧義論的主要論點，是說明了文本及
閱聽人都是活躍地製造意義，文本牽涉到電視
的獨有符號形態，而閱聽人就牽涉到電視的解
碼活動。

(一)生產性的文本（the producerly text）

在現今的電視研究中，已普遍認爲電視文
本是多義性的，這論點有兩個層次：(1)多元歧
義源自電視機構生產的特性；(2)多元歧義也是

基於電視文本的特質。以下是這兩種歧義層次
的分析。Fiske（1986）認為多元化是一個電視
機構的必然要求：電視要流行，就必須迎合廣
大閱聽人的需要，因此它必須要製作多元歧義
的文本，以配合來自不同文化背景的人，讓他
們可用其文化經驗去解讀出他／她所需的意
義。強勢意識固然存在文本中，但相對的另類
意識也同樣存在。一個電視節目的成功，往往
是因為它的文本能滿足不同閱聽人的「要求」，
可提供不同的解讀空間（Fiske, 1987）。White
（1992）也提出相同的論調，認為電視文本應
有意識空間，並能包含不同意識以吸引更多的
觀眾。不過，White 認為文本意識並非毫無秩
序，而是一個有著強弱差異的結構，規律和反
覆地表現出多重的意義。

　　從文本的角度去看，Kellner（1987）認為
電視擁有豐富的符號表徵，縱使在電視畫面上
表現強勢意識形態，但總的來說，訊息仍會包
含混雜的另類意識。Newcomb 也強調，電視符
號有矛盾性及多重性（Newcomb & Hirsch, 1984;

Newcomb & Alley, 1983）。即使是最為流行的
節目如肥皂劇，也可極具開放性（Allen, 1985）。
由此可見，在大眾傳播的既定文本中，仍容許
有多種解碼的方式（Lindlof, 1988）。眾多論
點之中，Fiske（1987）的論點可說是最廣為人
知。他分別引用了 Eco 及 Barthes 的「開放文
本」（open text）及「書寫文本」（writerly text）
概念去討論文本的開放性。Eco（1972）指的
「開放文本」，是指容許豐富及複雜的閱讀的
文本；相對來說，封閉文本就有較緊閉的內部
結構，起承轉合，自然流暢。前者要求閱聽人
參與，故較難讀；後者只要求閱聽人被動接收，
故較易讀。Barthes（1975）則指出，「書寫文
本」是指論述本身有如文字書寫，自由而且複
雜，不受建構的約束，能讓閱聽人反覆細味；
而唯讀（readerly）文本往往隱身於現實主義
（realism）及流行敘述之中，往往因為故事吸
引、易懂，而令閱聽人被動接收單一化的意識。
書寫與開放文本類同，唯讀與封閉文本相似。
Eco 及 Barthes 用開放及書寫文本，去形容文學

及創始性文本，用封閉及唯讀性去形容流行文本（如電視）。然而，Fiske 把這些名詞倒轉使用，他認爲電視文本兼有開放性和書寫性，亦有唯讀性，卻沒有 Barthes 形容書寫文本那種晦澀特性。即是說，電視文本是書寫、唯讀、開放三合一的，而 Fiske 則用「生產性」（producerly）一詞去將這三者結連。Fiske 列舉電視的符號資源，包括諷刺、比喻、笑話、矛盾及電視剪輯敘述，這些過盛的符號資源（semiotic excess），給電視文本更多的空間作多元歧義的創造。換句話說，電視既有唯讀文本的可觀性（吸引、易明），但也有書寫文本的複雜及重疊的符號。

　　Fiske 並沒有否定電視確有強勢論述存在，流行的電視文本傾向壓抑真實生活中的矛盾，而以最圓滑的面目示人。他（1984）認爲一個節目愈相近於社會上的強勢意識，它就會愈流行。然而，流行節目雖滿載著社會的主流文化和意識形態，但這並不是文本中的唯一論述，因爲電視文本中，有很多混雜的符號，所以仍

會留有空間給予對抗性的意識，而這些多元歧
義的解讀就是在過盛的符號之中發生作用。

(二)生產性的閱聽人

　　不少人會把多元歧義論，聯繫到閱聽人的
解讀活動上，但事實上，閱聽人的解讀活動是
多元歧義論的延伸，而「生產性的閱聽人」（the
producerly audience）這個概念，是建基於文本
具生產性的假定之上。文本是多元的，其中包
含了意義的生產與再生，而活躍的閱聽人，就
會從中解讀出不同的意義來。有不少研究結
果，已確定了這個概念的普遍性，但它與多元
歧義論的關係則沒有清楚說明（Allen, 1992）。

　　Fiske（1987）的著作都是圍繞著多元歧義
論。他提出了一個電視文本二元經濟的概念，
但對於閱聽人如何去解讀文本則沒有深入的討
論。在他所說的二元經濟中，「財務經濟」使
廣告商關心到節目收視及其收益，而「文化經
濟」就驅使閱聽人自由地從「生產性文本」中
解讀其所需的意義（1989a, 1989b）。就算在「財

務經濟」中，大商家控制文本的生產，但也無
法支配「文化經濟」中運作的閱聽過程。閱聽
人在「財務經濟」中扮演著消費者的角色，但
同時在「文化經濟」中則充當了文本意義的生
產者。前者被動，後者卻是主動的。兩個經濟
運作，彼此相關，卻可獨立自存。生活是多方
面的，閱聽人的意義生產過程，可以不受經濟
活動所限制，而是根據閱聽人的社會背景，而
解讀出合乎其「需要」的意義。閱聽人看電視
時，必須能結合社會情境才會看得懂，就是因
為社會情境不盡相同，所以解讀出來的意義就
會有差異（Ang, 1994, 1991）。再者，每個人
都有不同程度的差異：「同一個收看者在不同
時間，就是不同的個體，他就會受著不同的社
會因素影響，支配著他在解讀時候的狀況。」
（Fiske, 1989a:57）

　　Fiske 認為，由於電視文本是「過盛」的，
在「文化經濟」中，人們就可以否定媒介的支
配性，而對抗主流並不困難，亦不需要什麼制
度或政策的幫助，因為閱聽人本身已「主導」

了文本的解讀形式，他們會因應其需要生產不同的意義，文本的意識也就再沒有什麼主導性了。再者，Fiske 認為商業化的電視制度已建立了一套成熟的機制，提供閱聽人不少有利的條件去對抗主流支配。這也就正好呼應上文提過的商業電視吸納多元口味的機構邏輯。

三、批評與回應

多元歧義論使我們關注電視文本及閱聽人的互動關係。文本意義的多元及閱聽人的解讀，挑戰意義系統的穩定性，然而多元歧義論本身亦引起不少爭議，就算是提出「多元電視文本」的學者（例如：Kellner, 1987）及「活躍閱聽人」的學者（例如：Morley, 1980），近年亦同時批評 Fiske 的早期概念（例如：Morley, 1993; Kellner, 1995），他們質疑多元文本及閱聽人是否完全不受約束，而開始關注多元文本及閱聽人理解活動所出現的極限。

　　批評者認爲，多元歧義論不重視文本中的敘述力量。影音符號與意識形態關係密切，歧義論者只關注浮離不定的表意系統，而忽視了文本象徵有能力左右意義分布。事實上，在多元歧義論還未發展成熟時，Fiske（1984）自己也曾運用了符號結構的分析法，去分析電視節目 *Dr. Who*；他關注的是其文本結構，發現這節目的意義與其文本結構互相緊扣，並發現它是與宏觀社會的主流意識形態互相呼應的，正如 Morley（1993）指出，文本的多元性是受制於其表意結構及文本系統的，雖說電視文本是開放的，但難道文本符號就完全失去主導意義的能力嗎？

　　多元歧義論集中討論多元文本，而沒有關注多元文本產生的背景（production contexts）。多元歧義論把文本從歷史、社會及文化背景中抽離，同時亦不能說明媒介文本與媒介機構的關係（Carragee, 1990）。它把文本孤立來理解，忽視了文本背後的生產形態。

　　有不少批評指出，多元歧義論太強調閱聽

人的創造力，解讀看來可以很多分歧，但這無
形是把文本看成是一個空洞的軀殼，不存有任
何社會意義（Barkin & Gurevitch, 1987），而閱
聽人無形中就成了一個毫無約束的意義創造者
（Fiske, 1987, 1989a, 1989b）。同時，此論說
默認政治經濟為不可改變之現實，忽略了意識
形態的力量。研究者一般都有較大的論述資
本，所以較不受強勢論述擺布；但 Gripsrud
（1995）就指出，研究者可能比一般閱聽人更
能顛覆意義，因為他們有很強的批判性，因此
研究者有可能把其活躍解讀的能力，加諸於平
民大眾，而一廂情願地認為閱聽人都有強大的
解讀自主性。

　　究竟閱聽人有多活躍呢？觀看電視被認為
是一種低參與活動（Barwise & Ethrenbery,
1988），閱聽人一般不會主動地注意電視在作
什麼，對抗性閱讀就更為少見。所謂活躍解讀，
不等於集中注意地自覺參與，而可能只是一些
不經意的過程，且很不以為意地把文本納入自
己所熟悉的框架（Livingstone, 1992）。閱聽人

之所以活躍，是因爲他們根據本身的社會經
驗，去解讀電視，但這個活動不能與有意識的
對抗混淆（Jhally & Lewis, 1992）。個人化的
解讀策略不一定是「有意識的對抗」，而可能
是有意識地維護自己的生活經驗，可以說，是
一些「有意識的抵抗」。Carragee 指出，個別
的閱聽人是可以協商性地解讀電視文本，但他
們討價還價的能力，與龐大的政經勢力相比，
就顯得力量微弱了（1990:89）。電視文本的多
元解讀，本身還未有足夠力量，去支持「意義
與解讀的解放」這個強大的結論。

　　研究發現，差異解讀，通常發生在一些次
文化及一些跨文化的接收情境。這是很容易理
解的，如果文本屬於次文化群體，它本身就很
艱澀，那麼在解讀時就很容易出現差異了。又
如果文本與閱聽人的階層、文化有很大的距
離，當然容易有隨意、脫軌的解讀。Fiske 有一
次到一家貧民酒吧，看見一些無家可歸的男
人，一邊喝酒，一邊看電影「終極警探」（*Die
Hard*），當他們看到壞人大開殺戒，把衣著光

鮮的有錢人殺死，並惡意地破壞警車，他們便開懷大笑；但到電影的結尾，壞人終受惡果，他們就把錄影機關掉，故意不看結局。他們對法治和社會都不認同，呈現的是一種「對抗解讀」。這個例子說明，閱聽人對於選擇適合自己的意義，表現得極爲主動（Fiske, 1993）。然而，這個特例卻不能引申到主流媒介如何在一般情境中被解讀。

　　在一般的情況，閱聽人在解讀的時候，往往不自覺地受著主流社會文化的影響，而作出一定程度相近的解讀方式。Condit 曾作一個案研究，利用一個有關墮胎的電視文本，分別向兩位持對立意見的人士播放，最後 Condit 發現這兩位閱聽人有解讀的分歧。同時也發現，對抗性解讀的閱聽人，是會有意識而且吃力地提出抗議，這說明了對抗性解讀十分吃力，並不是在一個自然且不自覺的情況下發生。平時而言，一般人都未必樂意追究，亦未必有閒去發展一套統一性的對抗論述。而協商解讀，可能比對抗解讀更加普遍。然而，對電視論述的直

覺認同或剎那反感，卻是我們日常看電視的真
實經驗。一般情況下，對抗就在於看電視時一
剎那的反感，但由於這些對抗性趨於零散，以
致往往被淹沒。

　　從這些研究看來，縱使電視文本是多元
的，但總的來說，電視的多元歧義，應從文化
資源的角度去考究。雖然個別的閱聽人可以選
擇強勢意義以外的解讀方式，但總體來說，仍
有很多人，由於文化資源的關係，不能完全擺
脫電視強勢意識的影響。批判性並不是學者的
專利，但我們不能假設所有人都像批判傳媒的
學者那樣，會對文本進行這種形式的批評。

第四章
曲線批評

　　在第二、三兩章，我分別討論了強勢意識
論及多元歧義論，並指出雖然有不少正反對立
的意見，但事實上，這兩個理論在媒介研究上，
都有其不同程度的解釋力，經過不同的互動批
評後，兩派的主要學者也作出了新的理論修
正。這兩套理論都已變得更有彈性，使兩者在
對立之餘亦猶有相通之處。

　　Fiske（1993; 1994）曾以美國的社會文化
差異去為自己辯護，他認為歐陸式的理論，多
建基於階級鬥爭及意識灌輸，這些觀點都不適
用於美國。美國是一個以移民為主的地方，工
人階級與領導階級不見得有太大的衝突發生。

相反，美國是一個社會文化割裂的地方，而現今美國已從一個「單一論述社會」（monodiscursive society），演變成一個「多元論述及多元文化社會」（multi-discursive and multicultural society），而多元論述現象，並不能以歐陸式宏觀意識形態理論去解釋。

Fiske 脫離了 Carey 及 Newcomb[1]的自由主義模式，並把其理論從自由主義分別出來。他認為美式的自由主義，也不能有效地說明美國社會的多元性。Fiske 一方面再次重申，歐陸式的強勢意識論以及放任的自由主義，兩者都不是他所能認同的。他的多元歧義論，較能解釋美國的論述競爭狀態。批評者指出，他忽略社會權力，但他一再強調，他其實也承認強勢論述可以控制、維持、減低，甚至隱藏社會中不平等的差異性。所以他的歧義論，也包括論述競爭，而不是認為意義是完全隨意和開放的。

---

[1]Fiske, 1993, p.40 and 52, note 3.

　　Fiske 的早期著作，被批評爲忽視了宏觀
的社會因素，又不重視歷史的重要性（M. Barker,
1990:39）。但是，他的近作（Fiske 1993; 1994）
就建基於處境分析，他甚至在敘述個案前，很
仔細地交待其歷史背景（1994）。他也被批評
爲忽視建制權力的因素。但在其近作中，Fiske
利用了 Gramsci 的霸權理論，再加上一個多軸
模式（multiaxial model）來說明階級、種族及
性別交錯的權力競爭。這是一個不平等的科層
模式：階級權力、種族權力、性別權力這幾個
軸心，可以相互制衡。他不認同強勢意識或價
值觀可以有效地維持社會合一性。對他來說，
社會有不同的默契（consent），當中的社會差
異是可以協商的。這些默契會經常轉化成社會
鬥爭，而電視的多元歧義特性就是依據這個多
軸性（multiaxiality）所組成。

　　Fiske 自信其多元歧義論，並不像自由主
義展示一幅沒有權力差異的圖畫，他指的多元
歧義性是有著多軸性及霸權鬥爭的。霸權概念
常出現於 Fiske 的討論中，看來，他建立了一

套整合的概念去回應對他的批評。不過，無論
他如何修正觀點，有一項一直沒有改變，就是
他仍然堅信從屬階級有能力去打破強勢。

　　另一方面，強勢意識論也作出不少修正。
在這個修正過程，媒介意識的「強硬」版本常
受到批評；相反，「彈性」版本就仍有理論上
的活力。在這情況下，有不少較有彈性的文化
研究觀點，已成爲批判媒介研究的理論重點。
而文化研究者其中一項重要貢獻，就是反對強
勢意識，開啓了文化抗爭的理論空間。

　　自七〇年代出現了製碼及解碼模式後，Hall
就以更有彈性的方式，去重新解釋 Gramsci 及
Althusser 的理論。Hall（1985）不贊同 Althusser
的意識形態機器理論，該理論認爲閱聽人無能
力反抗意識的控制，只能站在一個既定且不能
改變的意識位置上，變成無助的編修對象。然
而，Hall 採納了 Althusser 早期的另一篇論文 *For
Marx* 中的觀點，以較有彈性的角度，去處理
意識形態的問題。在這篇文章中，Althusser 指
出，意識形態是由一種機制所構成，並處於多

種難以解釋的矛盾中。Hall 認爲 Althusser 提出
的多重決定（overdetermination）及意識矛盾
（contra-diction）概念，在他的思路中仍未發
揮出來，其中仍有很大的理論空間可進一步發
展。於是，Hall 把這兩個概念加以發揮，認爲
電視文本的強勢意識是有內在矛盾的；事實
上，強勢階級是可以把矛盾轉化，炮製一些包
含了各種流行元素的強勢意識形態。

　　Hall（1986a/b）曾引用了 Gramsci 的霸權
理論，去分析英國八○年代的戴卓爾主義
（Thatcherism），說明 Thatcherism 如何重建
強勢階級的霸權領導。他認爲 Thatcherism 是
保守權威主義以及流行元素合二爲一的串連效
果。當時社會上有一些傾向保守權威主義的流
行論述：因經濟危機，引起公眾對福利主義的
懷疑和對國有企業私有化的期望；此外，道德
恐慌又牽起對法律及秩序的需求。而這時的電
視節目，大都傾向加強甚至放大這些流行元
素，無形中，等於爲保守權威主義打了一支強
心針，令英國公眾接受其領導。Hall 對強勢意

識的分析，避開了批判媒介理論以媒介爲中心
的偏見，並採取歷史分析的方法，全盤考察媒
介與非媒介的社會因素（Lodzaik, 1986）。Hall
把 Althusser 及 Gramsci 的概念重組，有其重要
意義，因爲可以說明強勢意識與社會團體之間
的多重聯繫。強勢意識可以利用語言及文化模
式，作爲導管進入媒介之中。而強勢所以爲強
勢，可以說是一個串連（articulation）及協商
的建構及再建構過程。

　　Hall 這個串連理論（articulation theory），
連政治經濟學者 Graham Murdock 也覺得十分
有吸引力。Murdock 早期提出強勢意識的經濟
決定論，但近來他對此作過很大的修正。他
承認早年的一些觀點是不正確的。他曾自我批
評道，過去那種「最終決定論」，生產模式能
夠單向地決定文化意識，這個想法，過於機械
化，是有問題的。隨後 Hall（1986b）就把「最
後決定論」倒轉過來，提議「從終點轉到起點」，
把經濟看成是分析的起點而非終點（Murdock,
1989b）。經濟會限制傳播活動的空間，但在

這些空間裡，意識形態有本身的一套運作模式，而強勢階級並不是直接透過經濟進入媒介，而是透過多方面及非必要的串連來建構強勢意識。即是說，在意識問題上，物質經濟不是最後決定因素。物質因素只是起點，造就了意識傾向，但最後發展出怎樣的電視文本，就沒有固定的方向。

在這個理論的新發展中，不同的觀點已被融會在一起，再也不能把它分類成強勢意識論或多元歧義論。倘若我們比較兩種觀點，就很明顯發現，多元歧義論起初的理論版本，很難解說經濟與文化權力的不平均分布，也不能解釋政治經濟因素與電視文本的互動關係。另一方面，早期的強勢意識論，只看宏觀政治經濟，而很少去關注物質、符號、文本與媒介機構曲折細密的關係。簡言之，多元歧義論的優點，是強勢意識論的弱點；而後者的優點，也是前者的弱點。事實上，電視意識形態，既不是強勢意識論所說那麼強大及一致，也不如多元歧義論所說的那麼破碎及流動不定。

　　在這章結束之前，我會先作重點式的總
結，簡單地複述有關電視意識的理論，並說明
近年的串連論及霸權論，如何提供一個新的理
論發展空間。

總　結

1.強勢意識形態

　　強勢意識形態這個說法，指流行媒介的生
產者，都直接或間接與政客和商人有利益關
係。大商家、傳媒老闆、廣告客戶、政府要員，
都在社會中享有優勢，甚或享有特權。這個有
形無形的網絡，令生產流行媒介的電視機構，
傾向炮製一種「安全」的意識，以維持現有的
優勢階層。

　　因此，從整體媒介產品而言，流行電視會
重男輕女、依附權貴，對政客商家「小罵大幫
忙」，將低下層邊緣化，要不就販賣弱勢群體
的困苦悲情，更常常推銷資本主義神話。換句
話說，強勢意識形態，就是僵化而強大的價值
體系。

　　「強勢意識」的論點，若推到極致，就是把觀眾讀者變成呆子，只會被動地接受電視的迷惑，以維持資本社會的建制。

2.活躍閱聽人

　　當然，閱聽人不一定都是呆子。正如第三章所說，近年有很多關於閱聽人的研究，都指出一個事實：就算普及文化推銷強勢意識，閱聽人不但不會照單全收，而且可以各取所需，對媒介訊息作出不同理解。

　　研究者把閱聽人的解讀方式區分爲三種。第一種爲「優勢解讀」，意指閱聽人順從電視文化的強勢意識，接受文本的優勢，作出相應的理解。第二種爲「商議解讀」，意指閱聽人對文本的意識討價還價，這是最普遍的接收形態。第三種是「對抗解讀」，意指對某些人而言，強勢文本會惹起閱聽人反感，刺激反抗情緒，強化對抗立場。

3.後現代轉向

　　上述活躍閱聽人的論點，強調人的自主性和電視文本的開放性。電視意識與閱聽人的關

係，是動態且互相影響的。近年傳媒環境更出
現一種「後現代轉向」，令電視意識的問題，
更具開放性、混雜性和弔詭性。

　　科技所引發的傳媒巨變，改變了現代社
會──資訊、影像、知識、感性、品味、價值，
都因爲傳播技術的驚人容量及彈性，變得流
動、斷裂、複合、混雜、真假難分、立場紛亂。
以往主流媒介壓抑另類觀點，現在主流卻有吸
納小眾的傾向。跨國音樂工業，把非洲、亞洲、
各類邊緣音樂，都吸收轉化，變成主流的合成
部分。精細的市場開發計畫，配合分眾科技，
令傳媒小眾化；但與此同時，市場主導的大眾
媒介，又在競爭之下努力擴大主流消費群。

　　傳媒較爲單一、單向的媒介環境，現在快
要成爲歷史陳跡。後現代多元而非單一，情理
混雜而非理性和諧，斷裂矛盾而非線性發展。
大部分人一起看電視的時代已經過去了。媒介
使用的習慣也在快速轉化。年輕一輩喜歡「看」
電腦、寄 E-mail，在多媒體的環境拼貼文字、
影像、音樂。「媒介代溝」愈來愈深。對於成

年人來說，後現代處境只是一種學說；對於下
一代而言，後現代很快便成為生活的現實。

　　在後現代處境，媒介意義成為一個難解的
迷陣。我們既難找出強勢的意識，亦難追尋閱
聽人的活動形式。

4.串連理論

　　串連理論是英國文化研究近年來一個重要
成果，它沒有強勢意識論的絕對性，也沒有對
活躍閱聽人的盲目樂觀。

　　串連理論最吸引人的一個特點，在於它對
文化現象的「曲線批評」。傳統批判學派往往
因「直線切割」的方式，將政治經濟權力直接
切入文化層面。但文化串連的進路，則轉而研
究文化產品在不同社群的商議解讀，分析「強
勢意識」如何曲折地與情境各異的閱聽人對
抗、接連。

　　這種「曲線批評」，能突破「文化工業」
的研究，擺脫政治→經濟→媒介工業→強勢意
識形態→影響閱聽人這種單向分析。其次，串
連理論亦突破了傳統的文本分析，放棄單從文

本出發的封閉體系，指出意義的分布，是文本、
閱聽人與社群的雙向接合。

串連一詞，有雙重的意義：其一是表達，
其二是連接。事物間的關係和意義並無本質上
的扣連，而是在不同的脈絡下，被不同的力量，
依據其位置建構（即接連再表達）出來。意識、
品味、商品的互相扣連，背後就有宏觀的資本
家與消費意識的結合。

電視的意識世界，與政治經濟的物質世
界，彼此之間沒有「必然因果」，但也不是必
然的「互不相干」。意義與物質，並非如強勢
意識論所說，因官商勾結而直接、必然地在媒
介炮製強勢意識，也並不如極端的後現代論
述，放任地把物質世界與意識世界全面脫節。
串連理論採取一種動態角度，指出商業和政治
權力，會千方百計的串連意義，以符合自身的
利益。但閱聽人也可擺脫這些串連（disarticu-
late），只不過要「逃逸」而作對抗解讀，則
需要加倍努力，要有各種增強解讀能力的策略
（empowerment），因爲閱聽人其實並不太自

由，也不一定有抗衡主流的文化資本。主流社
會有很強大的串連力量，各種利益集團，會把
有利自己的意識，接合到不同的媒介文本之
中：情人節的浪漫、母親節的溫馨、政府的誠
信、好萊塢大美國主義等，種種「物質」與「意
識」的串連，有一種傾向、一種壓力、一種力
度，雖然不是因果決定，但也足以令電視呈現
一個強勢意識的網絡。

　　串連理論引申出一個對電視意識的看法，
就是意識的生產並不獨立，而是一個過程，牽
涉個人、集體，要花費一點氣力，將意義實踐
出來，或是串連或是脫逸，都要將意識製造、
創造、發掘、發揮，其中必然涉及權力的競逐。

5.霸權

　　霸權的概念，強調意識、媒介、個人、利
益集體都在競逐的狀態存在。意識形態是流動
不定的，但它並非如某些後現代理論那樣漂流
無根，而是透過串連、接合，不斷爭取最多數
人的認同（winning consent）。也就是說，公
眾接受主流價值觀，不是一種「完成式」，而

是一種「進行式」。上文所談的強勢意識，是要不斷爭取認同，才可保持文化的領導地位（cultural leadership）。強勢得以保持，必須要不斷作形象宣傳、吸納批判聲音、建立公關網絡、將神話更新，將活力注入強勢意識。文化領導要經常串連「物質強勢」與「意識強勢」，才不至於被推翻。例如美國的軍事強勢（物質）必須串連好萊塢電影中的國際警察形象（意識），才能維持大美國主義霸權。

　　怎樣才可以達致霸權呢？當意識形態被製造成常識（production of common sense），被一般人視爲理所當然，那就成爲霸權意識。當我們視「經濟發達神話」爲當然，當我們視廚房爲女性根據地，當我們接受美國人是世界領袖，當我們認爲中東人天性是好勇鬥狠的暴力民族……那就是說，當這些意識形態變成了自然不過的常識，就已經爭取了主流認同，就有了文化上的領導地位，就達致了暫時的霸權。"hegemony"的中譯是「霸權」，又「霸」道又有「權」勢，似乎霸權可以十分穩定；但此概

念其實也突出霸權的流動性。

　　主流意識的領導位置得以保持，必須不停串連新的意識，我們現在的男權意識也容納了很多女權意識，只不過對女人有了雙重要求：日間在辦公室作女強人；傍晚在廚房作賢淑主婦；夜間在睡房作性感情人。在吸納女權之同時，依然保持男權意識的領導地位，即霸權論所說的競爭與串連，以保持強勢。霸權論之中，權力與媒介共舞，有攻有守，有進有退，是據點之爭、戰線之爭（war of positions），而不能一統而定天下。

　　相對地，我們作為受眾、閱聽人，其實也有自主競爭的能力，只不過個人解讀媒介的能力，相比起龐大傳媒生產機構，當然是勢力懸殊。我們在日常的實踐中，往往較容易接受主流意識的「文化領導」。然而，在霸權論的角度，個人的反抗仍是可能的。而且，反抗也只有在各種生活環節中實踐，實行戰線之爭，才有意義，空談一次浪漫偉大改變天下的「革命」，也是徒然的。

　　在下一章，我將會運用串連理論與霸權理論，對電視意識作綜合的探討。

第五章
電視文化

　　媒介文本的生產、解讀和消費往往都帶有深刻的社會政治烙印。因此,要了解大眾傳媒,尤其是電視這個重要的文化建制,就不能抽離其身處的社會脈絡。同時,媒介本身也是一個龐雜的機制,有著不同的面向。因此對媒介的研究,應該更多面化和脈絡化,以保持最寬廣的視野。

　　電視研究中有三個重要的研究層面:文本、文本的生產與解讀。每個層面都有其獨特的運作邏輯,三者常處於一個互動的關係中,沒有哪一個是決定性的。因此,若只研究一個層面,卻以為可以推論至整個媒體,那就未免以偏概

全了。比如說，有些文本分析只會透過文本的
特性去理解電影、電視的性質，那就犯了文本
決定論的謬誤。又例如有些閱聽人研究，認爲
所有電視意識，都只是閱聽人的個人選擇，如
此，即忽略了宏觀的電視機構政治經濟學所隱
含的強勢意識。然而，若清楚明白限制之所在，
一個層面的研究，一樣可以告訴我們一些有意
義的東西。例如，閱聽人的深入訪問調查可以
讓我們明白，在我們日常生活中，看電視如何
成爲一種論述實踐。若我們能擺脫非此即彼的
對立，多角度多層面地研究電視，應可更全面
地了解這個多變的媒體。

　　第二章的強勢意識論以及第三章的多元歧
義論之間，存在一些根本的矛盾，卻又能互補
不足。且近年來，兩派各自提出修訂，也見異
中有同，愈走愈近。爲了建構出一個靈活具彈
性的電視意識論，我將會結合以上數章提及的
理論，把這兩個理論的重點改動一下。但在詳
細分析之前，我想用**表 5-1** 將我的觀點勾劃出
一個輪廓。

表 5-1　電視意識的特色

電視意識形態	強勢意識論	第三選擇	多元歧義論
社會	階級矛盾及宰制	霸權式的競爭	社會分層及共識
意識形態	幻覺性的，掩飾階級剝削	意義的不均等分布	各種競爭之中的價值
媒介	階級宰制的代理人	競爭場域	社會整合的力量
發展	強硬　→　彈性	——	批判　←　放任
文本意識	緊閉的封閉系統／鬆動的封閉系統	混雜的意識形態場域	有限的多元歧義／開放文本
電視機構	階級宰制的直接代理人／非直接聯繫	多樣化的決定因素	——

（續）表 5-1　電視意識的特色

電視意識形態	強勢意識論		第三選擇	多元歧義論	
政治經濟	決定文本意識形態	多重影響	意識形態的串連	——	——
社會及歷史背境	資本主義	資本主義	科層權力的偶發性結盟	多重論述式民主	自由主義的民主
個人因素	被決定	被決定	在互動生境中	自主式	自主式
意識形態效應	生產共識意識灌輸	爭取認可	在強勢場域中爭取認同	庶民反抗	個人能化解意識影響
意識形態及文化的角色	全為意識性的	混雜的	兩者間的辯證關係	混雜的	全為文化性的

一、電視意識論

在討論我提出的第三選擇的各種命題以前,我想先討論幾個重要的觀念。這幾個觀念在早期的強勢意識論(源於馬克思主義)及多元歧義論(源於自由主義)中均呈對立之勢。然而,在八〇年代,馬克思主義者及自由主義者私下作過不少重大的修正,兩者的距離,已拉近了不少。

(一)社會

近年,馬克思主義者已開始重視歷史的特殊性及偶然性。傳統的馬克思主義,較為硬性和決定性,對宏觀歷史發展提出一套宏大的敘述;但近年引入偶然性,並帶入了非階級因素的影響,這幾乎把馬克思主義的本質解體。馬克思理論出現了一個雙層次的修定:社會是由一些隨意的多層因果組成的,但另一方面,這

些因果之間，沒有什麼必然的內在結構或階級
功能（McLennan 1989:76）。物質決定論變得
較有彈性，不再依從單線因果的簡約主義。政
治經濟學者 Nicholas Garnham 提出過這樣的論
調：「我並不是要提出單一的經濟決定論。我
所提議的是一個多層決定論。在生產關係上，
因果的可能性與決定性一層規限一層，上一層
提供的資源，會限制下一層的可能性，如此類
推。」（1990:10）

　　同時，自由主義者也曾作出修訂，Manley
（1983）把它形容爲自由多元主義的第二階段。
以前的自由主義，強調社會是自由平等的多元
競爭，然而，社會利益分配並不是永久地處於
一個均勢。在不同的社會團體中，有不同程度
的限制和不均勻的資源分布，而有權力的階級
在現行社會秩序中經常擁有特權。這個自由主
義的修訂版本，與馬克思主義者的社會支配論
頗接近。

(二)意識形態

　　意識形態，在馬克思主義的角度來說，只不過是用來掩飾資本主義系統的階級剝削的迷幻藥。強勢意識是上層建築，以物質生產關係爲本；然而，有愈來愈多的批判派學者承認，意識形態有其獨立性，甚至可擺脫資本主義的物質規限。「資本主義作爲一種經濟系統，好像與各種不同的信念系統之間，都能互相包容」（Turner, 1990:233）。經濟、政治及意識形態並不是直接因果的關係，它們之間，可以有多層交錯的相互影響。意識受控於經濟系統，但同時涉及其他非階級和非物質性的因素。另一方面，自由主義視社會的信念系統，爲多元價值的共識，不過自由主義者 Lindblom 也承認：「炮製意識形態的機構，都積極地爭取商業利益，而利益的競爭是不平衡的，很難會有（如自由主義推崇的）平衡狀態出現」（1977, in Manley, 1983）。

　　從這些修訂來看，理論的互動已出現了「第

三種路線」：社會被看成是一個充滿不協調的
多重奏，當中不同的利益群體經常出現衝突和
競爭，其中，階級是一個重要（但不是唯一）
的利益群體分界線。然而，我們還是不應忽略，
這些競爭是在不均等的資源和機會下進行的，
階級剝削仍是資本主義社會的特性。這種剝削
系統透過強勢意識的合理化而得到認可，但這
套強勢意識形態內部卻又是矛盾重重的。

　　意識形態一詞有很廣泛的含義[1]。這一詞
有三個重要的意義：(1)一種信念；(2)被扭曲的
信念；(3)不管對或錯的任何一系列的信念。近
年不少學者都接受第三種含義，但這種理解意
識的觀點，傾向於理性主義及自然主義，對廣
大社會背景中的權力結構欠缺批判性
（Eagleton,1991）。在本書中，我希望保留著
對意識形態的批判性觀點。Thompson 對意識形
態採取一個靈活兼有批判性的定義，他認為我

---

[1]見 Eagleton, 1991，他對意識形態歷來的意義作出了生動
　的解說。

們可視意識形態爲一個模糊的場域，包含一大
堆分布不均的、爲權力階層服務的「意義」
（1990）。借用他這個觀點，可以保留和串連
意識的第二及第三種含義，以配合本書的基本
理論架構。

(三)媒介

　　自由主義的論點，不能解釋權力不均，也
不能解釋媒介如何強化社會權力，以及因此而
起的社會差異。另一方面，馬克思主義者又過
分以經濟決定媒介意識，單單把媒介視爲只是
一個再生產社會不平等的工具。我希望提出的
觀點則是在兩者之間，視媒介爲一個公眾領域
（Curran,1991a）、一個不同社會力量爭持其中
的公共競技場。媒介的力量雖可以用以參與社
會鬥爭，但我們不能忽略，它是會傾向權力階
級，在文本生產過程中亦無可避免存在著社會
中政經強權的影響。

二、電視意識的第三種選擇

(一)命題一（P1）

　　電視文本是在強勢意識的磁場作用下建構
出來的，故具一定程度的意識封閉性，但
亦可同時具多元意義的元素。

　　強勢意識論不能解釋爲何在不同的媒介文
本中，會這裡那裡地出現了很多強勢意識以外
的元素。即使是政經學派的 Murdock 及 Golding
也承認，不同的媒介文本「在論述上有不同程
度的開放性」（1991:27）。

　　影音語言所生產的意義是不確定的，因此
電視語言本身具多元性，有著很多模糊不清的
界限和不同的解讀方向。然而，在普及文化的
文本中，強勢意識的磁場會提供一套流行的表
達和解讀方式。這些也是了解電視文本時不能

忽略的要素。

　　Schlesinger 等學者（1983）曾研究電視文本如何表達恐怖主義，發現在某些電視類型（如連續劇）中，意識封閉性會較另一些類型（如影集）爲高。Gitlin 亦曾指出很多強勢意識的策略，如黃金時段的節目，通常會用重複的技巧，建立認同和煽動仇視的情緒，電視常常表達出複雜的社會矛盾，卻提供個人化的「解決方案」（1987）。

　　Thompson 則提出意識是透過合法化、掩飾、分裂化、具體化、統一化等「符號建構策略」來運作的（1990:60-67）。這些策略並不是意識形態的主要特徵，但當它們在不同的意識形態運作過程中一起操作時，不難發現它們會彼此強化而產生意識形態的效果（Eagleton, 1991）。

　　英國著名期刊 *Screen* 的作者群，雖常被批評爲過分文本中心主義，但他們發現的一些強勢意識用以召喚閱聽人的文本策略，仍是值得注意的。其中 Heath（1981）就指出，鏡頭的接

合以及內容剪接，如何流暢地抵消了影音語言
產生多元訊息的可能性。而 MacCabe 就指出了
現實主義文本如何透過易明的故事去掩護意識
建構（1976）。Abercrombie 等學者（1992）更
進一步指出，現實主義是普及文化中最冥頑的
意識封閉機制。現實主義美學，以「真實」示
人，令閱聽人輕易接受其真實性，往往掩飾了
意識形態的生產過程，以及提供意識極封閉的
文本。因此，他亦反對某些後現代主義者所謂
的文本的多元意義衍生能力。

　　Gripsrud（1995）曾對電視劇集的文本特徵
作出研究。他質疑一些常被認爲可以生產多元
意義的文本特色，如高潮迭起的劇情、意想不
到的轉折、不明確的意識、開放性的形式等。
他認爲，如果將這些特色和另一些文本策略（如
意識典範的穩定性、語言的重複性、背景音樂，
以及故事情緒起伏的可預知性等），放在一起
觀察，就會發現，其實它們都是將解讀導向，
令人更易認同強勢意識。當然，並不是說這些
符號策略會導致一個無懈可擊的強勢意識文

本，只是，它們會令強勢意識比起其他非主流意識更具穿透力。如果多元歧義論對上述的意識形態策略視若無睹，那實在是一種理論的嚴重缺失。

因此，我認為各種電視論述，是具有不同程度的強勢意識力量的。以下我將分析兩個問題：(1)電視論述如何作為強勢意識的代理人；及(2)電視意識如何作為一個強勢意識主導的場域。

在傳統的馬克思主義模式中，社會是充斥著以經濟力量為主要元素的階級剝削關係，而意識形態便是為強勢階級服務，是掩飾階級剝削的工具。雖然以其他關係形式存在的剝削關係（如性別、種族等）會與經濟階級組成複雜的網絡，但自由主義論述否認階級因素的重要性，無疑是一個嚴重的錯誤（Aronowitz, 1992; Sennett & Cobb, 1993）。然而，正如 Fiske（1994）所說，在當代的資本主義社會中，權力分布是多軸式的，階級性與非階級性的因素同樣重要。我也認為，不同利益群體之間的權力關係，常

以不同形式出現，所以階級以外的形態，都應
受到注意。Thompson 曾指出：「當現行權力分
配的不均等，呈現系統化的傾向時，即強勢的
宰制關係已經出現了。」（1990:151）經濟不
平等是很根本的社會關係形式，但其他的權力
科層可以將之或倒置或移位。在這樣多軸式的
權力科層模式中，電視意識仍有機會被對抗性
的社會及經濟力量所運用。在這種情況下，電
視意識不是一套一致的強勢意識，而是一個含
糊的場域，其中充滿不均等的意義分布及多變
的論述權力。這種「意識形態場」的概念更能
解釋現今資本主義社會中，含有多重論述的電
視意識和多軸權力科層的關係。

(二)命題二（P2）

　　　在含糊的意識形態場（P1）中，常常可以
　　　找到各種強勢意識形態及它們以外的多元
　　　意義的元素。社會上不均等意識力量的各
　　　種分布模式和變化，就是靠著這些多重意
　　　義的存在，才得以維持或調節。

在眾多批評家之間，似乎都有一個粗略的共識，那就是多元意識不是完全開放，而是有界限的（例如：Morley,1993; Scanell et al., 1992），但很少人提及這些界限的性質及分布模式。事實上，文本常常都在封閉和無限開放之間擺盪。如果不找出這些多元意義的結構，那樣的多元意義論，是十分不足甚或是誤導的。多元意義並非隨處飄浮，它們的流向、分布、集散、速度等，都少不了主導意識在背後興風作浪。

學者們對多元意義的性質及分布有不同的理解，以下介紹一些分類方式。Newcomb 及 Alley（1983）以獨唱和合唱觀念，來闡述電視文本中的多元意義：「合唱式文本」的多元意義是與主流夾雜互相唱和；「獨唱式文本」就是站出來與主流意識作商議的聲音。我自己亦發現，公營電視台製作的戲劇，多屬於「獨唱式文本」，商業電視劇則多屬於「合唱式文本」（Ma, 1995）。我們亦可從開放或相對封閉的角度來

理解不同種類的多元意義：「開放文本」多數
具豐富的象徵意義，劇情不落俗套；而與此相
對的「封閉文本」，卻有很多刻板印象、普及
公式及主流意識。我們又可以用「唯讀性」和
「書寫性」去分析和理解：「唯讀性」的多元
歧義，是相對易明及完整的；「書寫性」的多
元歧義，則是有自省性、實驗性和原創性的。
如是在高壓政治的社會裡，多元意義大多以「秘
傳」的方式表達，要把敏感的反抗意識用很多
策略去掩護隱於文本中的；而相對地，能比較
清晰地表達出來，又呈現商議姿態的多元意識，
則可稱爲商議性的多元意識。這各種多元意識
的分布類型，在很多電視文本中都不難找到例
子，而在它們之間存在很多性質上的分別，不
能以 Fiske 所提倡的「生產性文本」一言蔽之。

　　由以上的分析可見，多元歧義論不單對文
本分析學者沒有威脅，而且是一個有建設性的
挑戰，電視文本有多元性，不等於我們不再需
要分析文本，反而對文本分析有更高的要求，
學者們更要詳細分析多元意義的類型，並展示

它們與不同的社會、歷史及機構背景的關係。

(三)命題三（P3）

意識形態場域（包括其中多元歧義的部分）
是各種社會、歷史及政經等宏觀因素多重
決定的結果。

強勢意識論強調意識形態與階級宰制之
間，存在著必然關係；相反，多元歧義論又強
調電視意識和社會結構間沒有必然關係，其主
要倡議者 Fiske 就認為文化經濟可以完全獨立
於財務經濟（1987）。我所提出的第三種路線，
對這個問題的基調是：電視意識和宏觀決定因
素之間是「不必然不互涉」（Hall, 1985）。即
是說，兩者是可以串連在一起，但其聯繫只是
在某個特定的據點上才是有意義的，串連在一
起的物質與意識因素，亦可以解脫，並在一個
權力關係轉移造成的新處境中，再與同樣的或
其他因素串連起來。如果電視意識和宏觀決定
因素之間沒有必然不變的關係，同樣道理，兩

者之間亦不會如 Fiske 所說，必然互不相干
（Mouzelis, 1995）。電視文本雖然都是鑲嵌在
特定社會及意識形態脈絡之中，但卻沒有一個
單一且必然的鑲嵌模式。多元歧義的結構，是
多重宏觀因素多重決定的結果，並不只因階級
結構而存在。

　　這些觀念包含了 Gramsci 的霸權觀念（第
四章），即對歷史偶然性和實際的政治策略，
有高度敏感的互動。強勢意識會適時地與各種
社會團體結盟，吸納不同聲音，企圖在某些特
定歷史時刻達致霸權領導的地位。媒介提供了
一個經常發生經濟、政治及文化競爭的公共空
間，「這個空間的內部結構轉移，會引致議題
設定的宰制模式改變，以及不同程度的開放與
封閉意識。開放與封閉又可以從以下的標準去
評估：媒介的普遍程度、媒介的擁有權的模式、
可提供之文類、會被再現的論述或意見的種類
等等。」（Eldridge, 1993:20）

　　在強勢意識形態場中實行多重決定的宏觀
決定因素，可以分為兩種：政治經濟的及社會

及歷史的。

1.政治經濟對媒介的影響

　　強勢意識論最重要的論點，是政治經濟因
素對媒介意識有強大的影響，而資本主義則是
現代文化形成最重要的基礎。若說資本主義是
唯一的決定因素，固然是不可信，但若跟隨自
由主義者的說法，只是認爲自由市場可以自動
將不同的文化訊息調節至平衡狀態，同樣會犯
上謬誤，因爲這樣會將媒介工業的不斷發展，
只看成商業考慮，完全忽略了媒介的意識形態
層面（Thompson, 1990:18）。但話說回來，認
清資本主義下的媒介擁有權模式，又不等於完
全認同 Herman 和 Chomsky 所提的「宣傳模式」
（1988）。 Herman 和 Chomsky 以過分工具化
和單向度的角度，來理解媒介的文化生產，自
然會得出社會上只有一個大敘述的結論。

　　在後資本主義時期，大部分商業媒介都不
一定會以一套單一的強勢意識去維持現行權力
架構，卻會在不妨礙商業利益的情況下，容忍
一些對抗性意識的存在（Tetzlaff, 1992）。Gitlin

就曾指出，在高度消費的資本主義社會中，為了得到最大可能的利益，媒介必須對某些對抗性意識具有一定程度的敏感度（1987）；但無論媒介的老闆傾向哪一類政治意識，賺錢始終是大前提（Murdock, 1990）。這種不容質疑的商業主義，就是潛藏於現今的集團化商業文化中最大的意識形態力量（Schiller, 1989）。Hallin曾指出，美國的商業媒介為了吸引更多的閱聽人，獲得更大的商業利益，就常以「小人物」的觀點及民眾的對抗意識來報導新聞，這其實會令現行統治階層的利益受損（1993）。為了商業理由，商業媒介有時也不介意討好大眾而開罪政治權力階級。

媒介訊息常會充滿一些像女性主義、環保或保守主義等的多元歧義，但它所容納的反對意識，絕不可以挑戰到商業主義及集團利益。在後資本主義時期，文化生產的高度商業化系統，會令媒介的意識界限較寬鬆。同時，這些產品也相應地要求某一種消費的模式，亦即要求消費者對產品有某種感覺模式，而這種感覺

模式是指向個人主義的感性經驗（Gripsrud,
1995:24）。

　　雖然商業主義力量驚人，甚至會對抗政治
建制，但不同的政治文化也會對媒介文本有一
定程度的影響。Garnham 就曾指出，資本主義
式的媒介不只一種，「不同環境中的媒介，可
以因應其經濟發展的結構和狀態，以及國家的
組織模式等特色而有所不同……」（1983:323）。
Hallin 和 Mancini 所作的比較性研究也顯示出，
在不同的社會政治背景下，媒介的多元可能性
是有不同的（Hallin, 1993）。他們比較了美國
和義大利傳媒對雷根總統一九八二年訪歐行程
的報導，發現在內容和風格上有很大的分別。
美式版本是將總統當電視明星般，敘述非常貼
身，有較多的詮釋性，而且較多地採取了「普
通人」的觀點，令政治的感覺更為「平民化」。
義式版本是較少談總統本人而是談政黨政治，
文本意義上較開放，但亦較多依靠政客的語言，
比較不「平民化」。研究者認為，這些文本上
的分別，是與兩國的政治架構之別有關係的。

總括而言，政治經濟兩方面，對電視意識仍有強大影響，它們兩者有時互相對抗，但更普遍的情況是彼此強化，炮製強勢意識。

2.特定的社會和歷史背景對電視多元歧義的影響

　　強勢意識論將資本主義視爲媒介的唯一歷史決定因素，這樣太過機械化，亦無法解釋某些特定的歷史情景。要理解影響媒介的因素，我們需要對政經學者所說的巨大歷史因素，作出處境化、歷史化和背景化的分析，並應該明白到歷史分析中無法避免的偶然性。在不同的媒介研究中，我們都可以見到，在同一個地方，不同時期的不同社會架構下，會有非常不同的媒介結構（ Curran, 1986; Schudson, 1991; Gallagher, 1982 ）。就這一點，Hall（1988）也曾靈活運用 Gramsci 的霸權概念，深入研究八〇年代英國統治階層和公眾的意識形態，是如何不斷轉變的。在美國，Traube（1992）亦指出在雷根時代，好萊塢電影如何炮製了美國神話。強勢意識論之中，決定性的歷史因素，永

遠是資本主義，所以不能詳細分析歷史的異變。

　　另一方面，多元歧義論在對媒介的社會歷
史分析方面，也十分薄弱。自由主義者常把電
視的多元意識本質化，當作是沒有歷史背景的
自然產物。然而，若我們比較一下歷史的變遷，
不難發現多元歧義只是近年的發展。Taylor
（1989）等媒介學者，都曾指出電視的多元歧
義是近年來才愈來愈興盛的。更多人擁有電視，
意味著對文本的要求，以及對電視的解讀經驗，
也愈來愈多元化，而累積無數年代的電視節目，
也可以產生文本間互涉的複合意義（Bondebjerg,
1992）。Hallin 則對美國的傳媒作了一個有趣
的研究，他指出新聞和娛樂性節目的界限變得
愈來愈模糊（1993:170-180），新聞節目的語音
部分愈來愈萎縮（1993:133-152）。九〇年代的
電視，往往比七〇年代的電視更具歧義特式。
在這種情況下，Corner 和 Harvey 就提出歷史
分析的重要性。他倆指出，文化研究應該絫根
於歷史，一個像 Eastenders 這樣的電視節目，
不應只視之爲肥皂劇的傳承，也應放在戴卓爾

時代的背景下理解（1992）。Gramsci 曾清楚指出，強勢意識在不同的歷史背景下，會連結不同的元素，因而產生的強勢文化氛圍也不一樣。因此，缺乏這些社會及歷史分析的多元歧義論，是非常不足的。

　　Fiske 的新作 *Media Matters*（1994），就在這方面走了一大步。他把他在九○年代初對媒介事件所作的分析，放到美國在冷戰時期的背景去再次思考。其實，只要他一把自己的論述處境化，就可以看到他初期那些非常自由化的多元歧義論，是有其當代美國社會特性（人口高度流動、多元社會分化為眾多文化社群）作為背景的。這令我們看到，強調高度自主性及民眾對抗性的多元歧義論，原來有其產生的社會基礎。因此，當我們要用這些理論去解釋其他社會（尤其是一些權力較集中的亞洲和拉丁美洲國家），我們必須將之再脈絡化，具體地應用於歷史情景中，才能作出有意義的分析。

(四)命題四（P4）

> 在強勢意識場中，不同的電視機構，會不同程度地吸收上述的宏觀決定因素，從而形成不同的多元意識結構。

雖然強勢意識場是多種宏觀決定因素多重決定下的結果，但不同的電視機構和生產背景，卻會把電視文本中的強勢意識和多元歧義聚合成或分化成不同的分布模式。不論是強勢意識論，還是多元歧義論，都沒有清楚說明這些電視文本如何透過機構生產不同的電視文本。

馬克思主義者常會誤把公共和商業電視混為一談，以為兩者都是強勢意識的代理人。在英國，那些持這類意見的人，會攻擊 BBC 是保守、不民主以及精英主義的文化建制。然而，Garnham 雖本身為一政經派學者，卻也指出，由於 BBC 是非商業機構，在很大程度上免受直接的政治審查，因此某程度上，也可以說公共電視是一個社會民主的成果。無疑，BBC 是由

強勢階級所掌握的，但由於其相對客觀性，它
所生產的電視意識，和商業媒體有很大的對比
（Garnham, 1993）。

　　在談及現代大眾傳媒時，Thompson 指出
「現代文化被媒介文化占領」：「象徵符號的
創造過程，愈來愈受到媒介工業的科技及建制
機構所左右」（1990:4）。可以說，現代文化
是一連串「文化」及「工業」過程的產品（Meeham,
1986）。同樣道理，電視文本也是文化和商業
邏輯的共生成品。多元歧義論者常常自外於政
經學者的討論。而正由於他們偏重文化，而忽
略物質和工業的因素，自然無法深入了解電視
多元歧義的機構性因素。Ryan 在最近的一個研
究中指出，文化工業之核心，有一個藝術家／
資本主義者的根本矛盾（1991），他分析集團
式資本主義的文化生產，指出了創作與機構性
因素的矛盾和互相限制，可以說是對多元歧義
論的補充。

　　多年來，很多媒介機構研究（例如：Cantor
& Cantor, 1992; Ellirts, 1977; DiMaggio, 1977;

Cantor, 1971）以及文化生產的研究（例如：Crane,
1992, 1994; Peterson, 1982, 1994），都可作爲理
解多元歧義文本的紮實基礎。這些研究所關注
的，都是不同機構及市場種類，對文化產品的
多元化影響。Crane（1992）認爲媒介機構對觀
眾喜好的評估，會影響其內容的多元性。一般
認爲獨立的電視台較有創作性，而且較有機會
製作實驗性文本（Feuer, 1987; Turow, 1984）。
商業性的電視台，則較傾向製作連續性的類型；
而非商業的公共電視台則常製作文學性的單元
戲劇及短篇文本（Sutton, 1982; Blumber et. al.,
1986; Tunstall, 1991）。不同的機構生產的肥皂
劇會有不同的文本特色（Kreutzner & Seiter,
1991）。

　　總的來說，要了解電視文本中的強勢意識
場（P1），必須要了解宏觀的決定因素（P3），
以及媒介本身機構因素（P4）間，不斷互動商
議的過程（Gallagher, 1982）。這些互動商議過
程固有其偶然性的一面，但也有一定的傾向和
模式。

(五)命題五（P5）

　　宏觀和機構決定因素（P3 及 P4）雖力量
強大，但它們的影響力始終要靠不同的個
人去實踐才可以實現。然而，我們也不應
忘記，個人的自主不能脫離文本生產脈絡
的「互動生境」而獨立存在。

　　對於個人在電視文化中的角色，不論強勢
意識論或多元歧義論，都沒有作出足夠的思考。
前者往往把個人當成被物質和社會關係位置決
定的被動因子。用 Turner 的話說：「意識形態
的理論愈強，個人的理論就愈弱。」（1990:248）
相對來說，多元歧義論者又過分把個人看成是
完全自由、毫不受制度束縛的自主文化代理人。
電視觀眾更可選擇性地解讀文本，自由創作他
們自己的意義 （Fiske, 1987）；而電視製作人，
又可自由地把他們自己的意見放於創作之中
（Newcomb & Alley, 1983）。

　　我想提出的第三種路線，是把個人視為

Bourdieu 所說的「生境」[2]中的「住客」，而「生境」中已具一套「思考、觀感、欣賞和行動的藍本」（1977）。一個互動生境可以被理解爲一套早已爲各種資源或「資本」所決定了的思行軌跡，卻又容許某些空間讓個人在日常生活中作出處境化的改變。這些「資本」包括經濟資本（各種物質財產）、文化資本（知識和技能）和象徵資本（地位和認受性）。這些資本在不同的人之間，並不是平均地分配的，因此亦不同地限制了「在生境中的個人」的行動自由。然而，互動生境中的思行藍本是鬆動的，個人雖會跟隨傳統，但也可以在日常生活中作出一些偶然的突破。

　　以上我也說過，電視文本中的強勢意識場（P1）（包括其中的多元意識結構——即 P2），是多種宏觀及機構因素多重決定的結果（P3 及 P4）。這些決定因素會造就一個互動生境給電

[2]有關這方面的概念介紹，可參考 Jenkins（1992）；而有關的批評及與傳播研究的關係，可參考 Garnham & Williams（1986）及 Garnham（1993）。

視的製作人，而上面所講的多重決定，就是透過在這個生境中活動的個人來實現的。強勢意識會有很大的穿透力量，但個人也有能力去找出新路向（Samuel & Thompson, 1990）。通常，電視文本中最「自然而然」的部分，就是最保守的部分；而當製作人自覺地想表達一些意見時，其文本的意識開放性就會較高。因此，他們所製作的電視文本，是在大環境的強勢意識中的多元意義結構，而這些不同意識的分布和改變，就是個人和以下將提出的一些因素的互動結果。

(六)命題六（P6）

　　電視文本的意識，會對在互動生境中的觀眾有所作用；強勢意識，是透過某些深植人心的流行論述發揮作用的。這些流行論述有很強的情緒附加其中。

　　要理解電視意識對觀眾的影響力，也應運用「生境中的個人」的概念，以及這理念所包

含的矛盾性。運用這個概念，我們可以避免把
結構性因素（像階級和種族）看爲解讀行爲的
唯一決定因素，而又同時可以更加了解，這些
結構因素在訊息接收的論述過程中如何發揮作
用。無論觀眾的解碼活動是如何具「創作性」，
我們也應把這些活動適度地放在其生境中去理
解。在生境中，個人的價值系統經常處於矛盾
和改變的狀態，但是經濟、文化及象徵資本的
不均等分配，會令個人傾向於維持現狀的價值
觀。看電視是一個恆常處於情境之中的活動，
就如 Ang（1994）所說，情境是不確定和多變
的，看電視的當兒，是否處於某個次文化的社
群？是否有個人差異？是否對某些群體有強烈
的歸屬感？在在都會影響解讀活動。然而這些
情境差異也有某種特定形態，不是完全開放、
無所規限的。詮釋的方向也因而是有限制的：
「建制因素所造成的結構性限制，是其中一個
能令解讀活動的當下情境受限制的因子。」（Ang,
1994:376）。電視這個「中央化的說故事機制」
（Carragee, 1990），指定了人們什麼時候可以

看些什麼。電視台看起來好像提供了一份「菜
單」任君選擇 （Allen, 1985），但我們不能忘
了，菜單是早已寫好的，其實媒介工業早已決
定了觀眾可以「吃」什麼。Ang 認為電視機構
除了決定每日的日程表之外，便不能再影響什
麼，因為觀看和詮釋的當下情境可以有千萬種
變化（1994）。然而，這樣說，又似乎低估了
電視文化不均等分配所造成的主流意識影響。
主導文化及意識形態的分布，仍然對詮釋活動
有很大的影響。Condit 就曾作一個研究，指出
優勢解讀是比對抗性解讀更容易出現的
（1989）。雖然如此，看電視的當下情境因素，
因其多變性，是很難觸摸的，不能用普遍的理
論去解釋。

　　明顯地，強勢閱讀並不會如強勢意識論所
說的那麼強勁，可以強行灌入觀眾腦海中。一
些量化研究指出，人們對「正常的價值系統」
的理解是很不一樣的。一個人在公開面對社會
時所表現和實行的價值，會和私人生活有所不
同（Goffman, 1959）。他／她可能在抽象層次

上認同一些強勢論述，但在實際的情景中，卻
可能有矛盾的反應。在一些被壓抑的群體，因
爲生活經驗與強勢意識有所牴觸，「知行不一」
的情況特別容易出現。強勢意識雖在抽象層次
上被接受，但現實生活的拉力卻會把其規限拉
鬆（Femia, 1981）。觀眾的解讀活動可以同時
是抵抗性及服從性的，不一定只是其中一種
（Jhally & Lewis, 1992; Lewis, 1991; Radway,
1984）。

　　Lodziak 曾在研究中指出，電視主要的意識
工作，不是明顯地把強勢／從屬的關係表現出
來，而是把強勢意識融入所有人的日常生活中
（1986）。而電視所表達的強勢意識力量，是
要靠強勢階級的人將之實行（如立法活動、社
會政策、集團決策等），才能顯示其威力。即
是說，論述的威力是要在物質性的實踐之中，
才得以生生不息（ibid：90）。電視論述的意識
力量，是團結及推動強勢階級去將之實踐，而
這種電視力量在社會上出現危機和意識形態轉
變時會尤爲明顯。

　　電視與強勢階級的關係比較融和，但與從屬階級間的關係則不然。對於從屬階級來說，強勢意識的力量不在於取消另類觀點，而在於防止對抗意識得以擴散及加強。一些研究數據指出，從屬階級的人們，很大程度上不接受強勢階級的價值，但卻會實務地抱著與之共存的態度。電視意識的作用，往往不在於把人們吸入強勢意識之中，卻是透過將反抗意識邊緣化，去維持這些對強勢的「務實認可」。因此，電視也一而再地成爲維持強勢現狀的代理人（Abercrombie, 1990）。強硬版本的強勢意識論，太過相信這些意識力量的壓制力；而多元歧義論又過分樂觀，不能解釋觀眾所擁有的文化及象徵資本是如何有限。

　　Lodziak 從強勢意識論再思電視意識的力量，而 Lewis 和 Jhally 則從多元歧義的角度去思考意識效果（Lewis, 1991; Jhally & Lewis, 1992）。他們其中一個最重要的論點是，多元歧義的存在，並不會減少電視意識的力量。比如說，一個像 *The Cosby Show* 這樣意識模糊的

電視劇，對白人和黑人都有不同的意義，而這
些意義可以是進步的也可是保守的。*The Cosby
Show* 的前進意義，在於它把黑人描寫爲社會中
受尊敬的人物，並能令黑人觀眾產生群體尊嚴。
然而，它也掩飾了草根階層的黑人的艱難生活，
亦鼓勵了白人接受種族問題，白人可以說，Cosby
這樣的黑人也可以成功，那麼又有什麼需要改
善的呢？*Cosby Show* 在白人及部分黑人間強化
「美國夢」，並把一些社會問題導致的悲痛詮
釋爲個人的失敗，這無疑也是一種十分保守的
意識形態。

　　從 Lewis 和 Jhally 的研究，我想再進一步
提出兩個論點。首先，電視意識的作用，是強
化一些深植人心的、拒絕在多元文本之中改變
的社會價值和分類框架。但我們要搞清楚，多
元歧義的存在，並不等於電視沒有強勢意識力
量。多元化無疑是後資本主義時期的一個特點，
但也正是在這個看似多元的媒介環境，電視的
強勢意識作用，才可以更有效及不自覺地，發
揮強化典型、令非主流消音的論述權力。這些

定型分類在電視的多元意識流中愈是穩定，這
些分類的意識力量就愈大。即是說，在混雜的
電視意識流之中，有不少揮之不去的社會價值
和分類框架反覆出現，長年累月地滲透社會文
化，發揮了強大的意識力量。

其次，在維持穩定保守的社會等級的動作
中，情緒其實比理性有更大的力量。Lewis 和
Jhally 的研究提醒了我們，電視節目的語言，愈
來愈傾向情緒性，而將認知理性減弱。觀眾也
傾向同時持有一些矛盾的情緒，而不會將矛盾
對立作出理性的統一分析（ Jhally ＆ Lewis,
1992 ）。我認為，強勢意識論與多元歧義論，
同樣有一個共同的盲點，就是以為影響和詮釋
的產生，總是認知性的。事實上，故事性的電
視節目所以能發揮作用，很大程度上是因為其
情緒濃烈、聯想豐富，這些情緒，能夠超越理
性認知，也能滲透多元歧義。意識形態可以在
情緒層面，超越歧義而發揮強大的威力。觀眾
可以理性地作出多元解讀，但同時亦接受節目
中那些情緒價值觀。因此，多元歧義和強勢意

識是可以同時存在的。亦即是說，若要化解意識形態的威力，亦相應地要了解這些情緒價值觀，從而誘發混雜其中的對抗或協商情緒。

(七)命題七（P7）

> 把電視意識概念化為一個強勢意識場，有兩個優點：其一，它提供了一個更廣闊的視野，讓我們去了解電視在社會整合過程中的文化角色；其二，它亦蘊涵了意識形態和文化之間的辯證關係。

強勢意識論認為電視基本上是強勢階級的意識形態工具。Walsh 就曾指出：「在對意識形態的文化生產過程的討論中，整個馬克思學派，有一個普遍的問題：它把文化只簡單還原為意識形態，而又將意識形態簡單還原為經濟結構」（1993:241）。誠如 Walsh 所說，這樣的觀點，單線地分析經濟與意識形態，其中電視完全沒有文化角色，這樣會忽略了很多電視提供的文化意義，而其中一些是和社會權力宰

制沒有直接關係的。

　　相對地，多元歧義論就將電視所提供的意
義，理解爲幾乎是隨意的，因而把意識形態方
面的因素，都還原及簡化爲文化因素。多元論
者認爲，雖然意義可能是在電視的多元歧義結
構中不平均地分配，但這些不平均的分配，卻
處於一些連續轉變的狀態中，以致在任何一刻，
都沒有任何意識形態有機會得以確立。這一點
在 Fiske 的庶民反抗論中較不明顯，但在
Newcomb 及 Hirsh 的文化論壇模式中便很明
顯。

　　在我所提出的第三種路線之中，電視意義
的分布，雖然是對權力階級有利的，但仍有一
些不直接爲社會權力服務的意義的存在。在現
代社會中，社會等級系統變得愈來愈複雜和多
樣化。在強勢和從屬階級之間，存在普遍的矛
盾，但在功能上卻又互相依存。Durkheim 的有
機團結概念，某程度上是捕捉到這種社會矛盾
和整合的二元性（Alexander, 1988），而電視文
化在這個過程中，正扮演著一個團結社會、凝

聚認同的文化角色。

　　媒介所講的故事，提出了一個簡便的方式，讓社會成員間作出親密的交談。例如，電視會宣揚古典人道主義、女性主義，有時也會提倡人際了解、互助和容忍（Curran, 1991a:34）。電視就好像一個「儀式空間」，成爲大家每天抽時間一起參與觀看的集體「溝通」活動（Silverstone, 1988; Hartley, 1992）。Anderson 所說的想像社群（1983），透過每日新聞時事的廣播，卻似乎變成了一個可見的實體。透過電視，公眾可以一起經驗一種國家或集體團結的感覺。在一些現場直播的媒介事件（Dayan & Katz, 1992）及每日看電視的儀式過程中，文化界限不斷被商議及重整。即是說，電視可以把特殊的民間儀式和國內其他觀眾聯繫起來；而作爲一個傳播媒介，它本身便已具有一些儀式化的特色（Chaney, 1986）。人的記憶儲存庫，每日都會進行裝置活動，而電視就每天爲這些儲存庫加入一大堆的動機、想像和分類模式。透過這些電視儀式，在公眾間流通的象徵符號

和分類模式，會如 Durkheim 所說，不斷在情緒
上進行集體強化，灌溉一些神聖化及情緒化的
意義系統。這些神聖感召，最終會成爲建立和
團結社區的工具。在拉丁美洲和一些亞洲國家，
這些電視儀式扮演了建立本土及國族文化的重
要角色（例如：Martin-Babero, 1995; Choi, 19090a,
1990b）。

　　把電視意識視爲一個強勢意識場域，可以
提供一個更廣闊的視野，讓我們去了解電視在
社會整合過程中的文化角色；同時，它亦蘊涵
了意識形態和文化之間的辯證關係。「電視文
化」並不能簡單地自「電視意識」中獨立出來。
有些電視的文化角色（如推動本土化、國家的
團結和肯定文化身分認同等），看似沒有即時
的意識功能，但它們其實蘊涵著強勁的政治性
及宰制性的意識傾向。Curran 就指出，娛樂性
質的媒介會「提供一個理解社會途徑。這一方
面可以推動一個保守的常識觀點……又或可以
透過以結構化的觀點，來詮釋社會過程，提供
一個較有前進潛質的觀點」（1991a:34）。仔

細地想一下，若電視是一個推動不均意義分配
的文化代理人，即意味著，那些本不為意識效
用而生的多元歧義，亦會很容易地被社會權力
網絡吸收，而成為某些意識形態陣營中的一員。
無疑，在拉丁美洲和一些亞洲國家，文化的本
土化似乎減低了北美文化的影響力，但這些本
土文化，也是深植於消費文化之中，而且經常
是大商業集團的建制工程（ Sreberny-Mohammadi,
1991 ）。推動國族認同的動作，也經常被充滿
野心的政治家，用作為霸權計畫的一部分。最
近不少研究都指出，有關社會記憶和國族認同
的宣傳和再創造，背後經常都存在著政治目的
（例如：Drumond, 1993; Samuel, 1989a, 1989b;
Hobsbawn & Ranger, 1983; Cannadine, 1983
等）。電視可以扮演推進團結的文化角色，但
在現代社會中，不同團體的團結性常呈現不同
的 模 式 （ Alexander, 1988; Randall Collins,
1988 ）。這些不同模式的團結性安排，對某些
人來說可以是「文化」的凝聚，但對另一些人
來說可以是「意識形態」的壓迫。如 Schudson

（1994）所說，社會整合和宰制實際上是同路
人。因此，將電視看作爲一個生產意識形態場
的工具，可以讓我們更理解電視文化與電視意
識間的辯證關係。

三、總結

以上關於電視文本意識的概念模式，可以
用一個倒轉的U字來理解：頂部是受強勢意識
場所調控的強勢意識和多元歧義；而下面的兩
條腿就分別是處於互動生境中的製作人和閱聽
人。意識形態場充斥著包含意識形態及文化意
味的不均等意義。製作人和閱聽人身處於相類
似的大社會環境之中，而這些情景只能限制，
而不是決定創作或詮釋的自主程度。製作人和
閱聽人都有不同程度的自主性，但都受到社會
及歷史背景造成的資源（因而也是權力）分配
不均的限制。在製作人方面，他／她們同時也
受機構因素的限制；觀眾解讀則受到觀看當下

的情境（例如某個次文化的情景）所限。若把
製作與解讀，理解爲兩個有相對獨立性的活動，
可以發現很多具創造性的解讀活動，但個別的
研究，不能普遍化爲所有的解讀情景。如果製
作人和觀眾的生境是在類同的社會背景之下，
觀眾的解讀變數便不會很大。然而，即使文本
和解讀都呈多元歧義，都不等於電視強勢意識
力量一定會減弱。這是因爲情緒性的價值觀，
在多元歧義的訊息面前也不易改變的。

　　多元歧義論很能補捉到意義的多元性（這
很大程度上補充了強勢意識論的不足），然而
它卻不能解釋強勢意識場的調控力量。本書提
出的第三種路線，透過強調「社會處境」的重
要性，嘗試融合兩者之長。任何融合馬克思主
義及自由主義的企圖，都很容易會扭曲了兩者
的本性。我所提出的「處境化」理論中的多重
決定觀點，解除了馬克思學派中特有的物質決
定論；但另一方面，無論處境理論的多重決定
性有多複雜，我仍相信一定程度的、結構性的、
宏觀文化模式的調控，而這是自由主義者不願

提及的。兩個學派的對峙狀態，是可以解除的。
我不同意某些自由主義者過分唯我中心的說
法，但我亦無法苟同馬克思觀點中不能置疑的
大敍述。把兩者融合，是企圖走一條靈活有彈
性的中間路線，希望可以同時理解歷史偶然性，
以及一些特定的社會和歷史背景造成的文化模
式和傾向。而處境化的理論，在近年的研究中
已逐漸為人所注意。正如 Crowley 和 Mitchell
所說，九〇年代的媒介研究，「愈來愈重視意
義的建構和每個代理人的重要性，但又不忘將
之放入宏觀的社會和歷史背景中去思考；在理
解媒介產品的解讀活動時，不忘注意事件的偶
然性以及當事人的意見；更加注意『後大眾傳
媒文化』，及其與現代性的關係，更自覺地反
思傳統及對早期理論進行重整」（1994:2）。
這種處境化的分析進路，相信能為電視研究提
供廣闊的理論空間。

參考書目

Abercrombie, N. et al. (1984) *The Dominant Ideology Thesis*, London: Allen & Unwin.

Abercrombie, N. et al. (1990) *Dominant Ideologies*, London: Allen & Unwin.

Abercrombie, N. et al. (1992) "Popular Representation: Recasting Realism", in S. Lash et al. (eds.) *Modernity & Identity*, Oxford: Blackwell.

Alexander, J. C. (ed.) (1988) *Durkheimian Sociology: Cultural Studies*, Cambridge: Cambridge U Press.

Allen, R. C. (1983) "On Reading Soaps: A Semiotic Primer", in A. Kaplan (ed.) *Regarding Television: Critical Approaches*, Frederick, Md.: University Publications.

Allen, R. C. (1985) *Speaking of Soap Operas*, Chapel Hill/London: The U of North Caroline Press.

Allen, R. C. (1992) "Audience-oriented Criticism and Television", in R. C. Allen (ed.) *Channels of Discourse, Reassembled*, London : Routledge.

Allen, R. C. (1993) "Is This the Party to Whom I Am Speaking? The Role of Address in Media Textuality and Reception", *Journal of Communication & Culture* 2,2:49-70.

Allen, R. C. (ed.) (1995) *To be Continued: Soap Operas Around the World*, London: Routledge.

Althusser, L. (1971) "Ideology & Ideological State Apparatuses", in L. Althusser, *Lenin & Philosophy*, London: New Left Book.

Althusser, L. (1972) *For Marx*, Harmondsworth: Penguin.

Anderson, B. (1983) *Imagined Communities: Reflections on the Origin and Spread of Nationalism*, London: Verso.

Ang, I. (1991) *Desperately Seeking the Audience*, London: Routledge.

Ang, I. (1994) "Understanding TV Audiencehood", in H. Newcomb (ed.) *TV: The Critical View* (5th ed.), New York: Oxford Press.

Aronowitz, S. (1992) *The Politics of Identity: Class,*

Culture, Social Movements, New York: Routledge.

Bagdikian, B. H. (1990) *The Media Monopoly*, Boston: Beacon Press.

Barker, D. (1994) "Television Production Techniques as Communication", in H. Newcomb (ed.) *TV: The Critical View* (5th ed.), New York: Oxford Press.

Barker, M. (1990) "Review of Fiske: Reading the Popular & Understanding Popular Culture", *Magazine of Cultural Studies* 1:39-40.

Barker, D. & Timberg, B. M. (1992) "Encounter with the Television Image: Thirty Years of Encoding Research", *Communication YearBook*, 15:209-238.

Barkin, S. & Gurevitch, M. (1987) "Out of Work and on the Air", *Critical Studies in Mass Communication* 4:1-20.

Barthes, R. (1975) *The Pleasure of the Text*, New York: Hill & Wang.

Baudrillard, J. (1988) *Selected Writings*, Cambridge: Polity.

Barwise, P. & Ehrenberg, A. (1988) *Television and Its Audience*, London: Sage.

Bennett, T. (1982) "Theories of the Media, Theories of

Society", in M. Gurevitch et al. (eds.) *Media, Society and Culture*, London: Routledge.

Berger, P. L. & Luckmann, T. (1966) *The Social Construction of Reality*, London : Allen Lane.

Blumber, J. G. et al. (1986) *Research on the Range & Quality of Broadcasting Services*, London: HMSO, for the Peacock Committee on Financing the BBC.

Blumber, J. B. (ed.) (1992) *TV and the Public Interest*, London: Sage.

Bondebjerg, I. (1992) "Intertextuality and Metafiction: Genre and Narration in the Television Fiction of Dennis Potter", in M. Skovmand & K. C. Schroder (eds.) *Media Cultures: Reappraising Transnational Media*, London: Routledge.

Bourdieu, P. (1977) *Outline of a Theory of Practice*, Cambridge: Cambridge U Press.

Burns, G. & Thompson, R. J. (eds.) (1989) *Television Studies: Textual Analysis*, New York: Praeger.

Cannadine, D (1983) "The Context, Performance and Meaning of Ritual: the British Monarchy and the Invention of Tradition", in E. Hobsbawm & T. Ranger, T. (eds.) *The Invention of Tradition*, Cambridge: Cambridge U Press.

Cantor, M. G. (1971) *The Hollywood TV Producer: His Work and His Audience*, New York: Basic Books.

Cantor, M. G. & Cantor, J. M. (1992) *Prime-Time Television: Content and Control* (2nd ed.), Newbury Park: Sage.

Cantor, M. & Pingree, S. (1983) *The Soap Opera*, Beverly Hill: Sage.

Carey, J. W. (1989) *Communication as Culture: Essays on Media & Society*, Boston: Unwin Hyman.

Carey, J. W. (1995) "Abolishing the Old Spirit World", *Critical Studies in Mass Communication* 12:62-71.

Carragee, K. (1990) "Interpretative Media Study", *Critical Studies in Mass Communication* 7,2: 81-96.

Chaney, D. (1986) "The Symbolic Form of Ritual in Mass Communication", in P. Golding et al. (eds.) *Communicating Politics*, New York: Holmes & Meier.

Choi, P. K. (1990a) "Popular Culture", in R. Wong & J. Cheng (eds.), *The Other Hong Kong Report 1990*, Hong Kong: Chinese University of Hong Kong Press.

Choi, P. K. (1990b) "From Dependence to Self-sufficiency: The Rise of the Indigenous Culture of Hong Kong, 1945-1989", *Asian Culture* 14:161-177.

Clarke, A. & Clarke, J. (1982) "Highlights & Action Relays: Ideology, Sport & the Media", in J. Hargreaves (ed.) *Sport, Culture & Ideology*, London: Routledge.

Collins, Randall (1988) *The Durkheimian Tradition in Conflict Sociology*, in J. C. Alexander (ed.) *Durkheimian Sociology: Cultural Studies*, Cambridge: Cambridge U Press.

Comstock, G. A. (1989) *The Evolution of American Television*, Newbury Park: Sage.

Condit, C. (1989) "The Rhetorical Limits of Polysemy", *Critical Studies in Mass Communication* 6,2:103-122.

Corner, J. (1991) "Meaning, Genre and Context", in J. Curran & M. Gurevitch (eds.) *Mass Media and Society*, London: Edward Arnold.

Corner, J. (1995) *Television Form and Public Address*, London: Ed Arnold.

Crane, D. (1992) *The Production of Culture*, California: Sage.

Crane, D. (1994) (ed.) *The Sociology of Culture*, Oxford: Blackwell.

Crowley, D. & Mitchell, D. (1994) "Communication in a Post-mass Media World", in D. Crowley & D. Mitchell (eds.) *Communication Theory Today*,

Cambridge: Polity.

Curran, J. (1982) "Communications, Power and Social Order", in M. Gurevitch et al. (eds.).

Curran, J. (1986) "The Impact of Advertising on the British Mass Media", in R. Collins et al. (eds.) *Media, Culture & Society*, London: Sage.

Curran, J. (1990a) "Culturalists Perspectives of News Organizations: A Reappraisal and a Case Study", in M. Ferguson (ed.) *Public Communication: The New Imperatives*, London: Sage.

Curran, J. (1990b) "The New Revisionism in Mass Communication Research", *European Journal of Communications* 5:2-3.

Curran, J. (1991a) "Rethinking the Media as a Public Sphere", in P. Dahlgren & C. Sparks (eds.) *Communication and Citizenship*, London: Routledge.

Curran, J. (1991b) "Mass Media and Democracy: A Reappraisal", in J. Curran & M. Gurevitch (eds.) *Mass Media and Society*, London: Edward Arnold.

Curran, J. & Gurevitch, M. (1991) *Mass Media and Society*, London: Edward Arnold.

Curran, J. & Seaton, J. (1991) *Power without Responsibility*, London: Routledge.

Curran, J. et al. (1982) "The Study of the Media: Theoretical Approaches", in M. Gurevitch et al. (eds.) *Media, Society and Culture*, London: Routledge.

Dayan, D. & Katz, E. (1992) *Media Events: The Live Broadcasting of History*, Cambridge: Harvard U Press.

DiMaggio, P. J. (1977) "Market Structure, the Creative Process, and Popular Culture", *Journal of Popular Culture* 11:426-452.

Drummond, P. et al. (eds.) (1993) *National Identity and Europe: The Television Revolution*, London: BFI.

Eagleton, T. (1991) *Ideology: An Introduction*, London: Verso.

Eco, U. (1972) "Towards a Semiotic Inquiry into the TV Message", WPCS 3:103-26, in J. Corner & J. Hawthorn (eds.) (1980), *Communication Studies: An Introductory Reader*, London: Arnold.

Eldridge, J. (1993) "Whose Illusion? Whose Reality? Some Problems of Theory and Method in Mass Media Research", in J. Eldridge (ed.). *Getting the Message: News Truth & Power*, London: Routledge.

Elliott, P. (1972) *The Making of a Television Series: A Case Study in the Sociology of Culture*, London: Constable.

Elliott, P. (1977) "Media Organizations and Occupations: an Overview", in J. Curran (ed.), *Mass Communication and Society*, London: Open University.

Evans, W. (1990) "The Interpretative Turn in Media Research", *Critical Studies in Mass Communication* 7,2:147-168.

Femia, J. V. (1981) *Gramsci's Political Thought: Hegemony Consciousness & the Revolutionary Process*, Oxford: Clarendon.

Feuer, J. et al. (1984) *MTM: Quality Television*, London: BFI.

Fiske, J. (1984) "Popularity and Ideology: A Structural Reading of Dr. Who", in W. D. Rowland & B. Watkins (eds.), *Interpreting Television: Current Research Perspectives*, California: Sage.

Fiske, J. (1986) "TV: Polysemy and Popularity", *Critical Studies in Mass Communication* 3,4:391-407.

Fiske, J. (1987) *Television Culture*, New York: Routledge.

Fiske, J. (1989a) *Understanding Popular Culture*, London: Routledge.

Fiske, J. (1989b) *Reading the Popular*, London: Routledge.

Fiske, J. (1991) "Postmodernism and Television", in Curran & Gurevitch (eds.).

Fiske, J. (1993) *Power Plays, Power Works*, New York: Verso.

Fiske, J. (1994) *Media Matters*, Minnesota: U of Minnesota Press.

Gallagher, M. (1982) "Negotiation of Control in Media Organizations and Occupations", in M. Gurevitch et al. (eds.) *Media, Society and Culture*, London: Routledge.

Garnham, N. (1983) "Towards a Theory of Cultural Materialism", *Journal of Communication* 33,3: 314-329.

Garnham, N. (1990) *Capitalism and Communication: Global Culture and the Economics of Information*, London: Sage.

Garnham, N. (1993) "Bourdieu, the Cultural Arbitrary, and Television", in C. Calhoun et al. (eds.), *Bourdieu: Critical Perspectives*, Cambridge: Polity Press.

Garnham, N. (1995) "Political Economy and Cultural Studies: Reconciliation or Divorce?", *Critical Studies in Mass Communication* 12:62-71.

Garnham, N. (1996) "Political Economy and the Practice of Cultural Studies", in M. Ferguson & P.

Golding (eds.) *Cultural Studies in Question*, London: Sage.

Gerbner, G. (1973) "Cultural Indicators—the Third Voice", in G. Gerbner et al. (eds.) *Communications Technology & Social Policy*, New York: Wiley.

Gitlin, T. (1983) *Inside Prime Time*, New York: Pantheon.

Gitlin, T. (1987) "Prime Time Ideology: The Hegemonic Process in Television Entertainment", in H. Newcomb (ed.), *Television: The Critical View* (4th ed.), New York: Oxford.

Glasgow University Media Group (1976) *Bad News*, London: Routledge.

Goffman, E. (1959) *The Presentation of Self in Everyday Life*, New York: Doubleday.

Golding, P. (1981) "The Missing Dimensions—News Media & the Management of Social Change", in E. Katz & T. Szecsko (eds.), *Mass Media & Social Change*, London: Sage.

Golding, P. (1990) "Political Communication and Citizenship", in M. Ferguson (ed.) *Public Communication: The New Imperatives*, London: Sage.

Golding, P. & Murdock, G. (1991) "Culture, Communication and Political Economy", in J. Curran & M. Gurevitch (eds.) *Mass Media and Society*, London: Edward Arnold.

Gramsci, A. (1971) *Selection from the Prison Notebook*, New York: International Publishers.

Gripsrud, J. (1995) *The Dynasty Years: Hollywood TV and Critical Media Studies*, London: Routledge.

Grossberg, L. (1995) "Cultural Studies vs. Political Economy: Is Anybody Else Bored with This Debate?", *Critical Studies in Mass Communication* 12:62-71.

Hall, S. (1973) *Encoding and Decoding in the TV Discourse*, Birmingham: CCCS.

Hall, S. (1981) "Recent Developments in Theories of Language and Ideology: A Critical Notes", in S. Hall et al. (eds.) *Culture, Media, Language*, London: Hutchison.

Hall, S. (1982) "The Rediscovery of 'Ideology': Return of the Repressed in Media Studies", in M. Gurevitch et al. (eds.) *Media, Society and Culture*, London: Routledge

Hall, S. (1985) "Signification, Representation, Ideology: Althusser and the Post-structuralist Debates", *Critical Studies in Mass Communication* 2,2:91-114.

Hall, S. (1986a) "Gramsci's Relevance for the Study of Race and Ethnicity", *Journal of Communication Inquiry* 10,2:5-27.

Hall, S. (1986b) "The Problem of Ideology—Marxism without Guarantees", *Journal of Communication Inquiry* 10,2:28-44.

Hall, S. (1988) *The Hard Road to Renewal*, London: Verso.

Hall, S. (1989) "Ideology and Communication Theory", in B. Dervin et al. (eds.), *Rethinking Communication* (vol. 2), London: Sage.

Hall, S. (1990) "Cultural Identity and Diaspora", in J. Rutherford (ed.), *Identity: Community, Culture, Difference*, London: Lawrence & Wishart.

Hall, S. (1992) "The Question of Cultural Identity", in S. Hall et al. (eds.) *Modernity and Its Future*, London: Polity.

Hall, S. (1996) "The Problem of Ideology: Marxism without Guarantees", in D. Morley & K. H. Chen (eds.) *Stuart Hall: Critical Dialogues in Cultural Studies*, London: Routledge.

Hall, S. et al. (1978) *Policing the Crisis*, London: MacMillan.

Hallin, D. C. (1993) *We Keep America on Top of the World: TV Journalism and the Public Sphere*, London, New York: Routledge.

Hardt, H. (1992) *Critical Communication Studies*, London: Routledge.

Hardt, H. (1997) "British Cultural Studies and the Return of the 'critical' in American Mass Communications Research: Accommodation or Radical Change?", in D. Morley & K. H. Chen (eds.) *Stuart Hall: Critical Dialogues in Cultural Studies*, London: Routledge.

Hartley, J. (1992) *Teleology: Studies in Television*, London: Routledge.

Heath, S. (1981) *Questions of Cinema*, London: Macmillan.

Heck, M.C. (1981) "The Ideological Dimension of Media", in S. Hall et al. (eds.) *Culture, Media, Language*, London: Hutchison.

Herman, E. S. & Chomsky, N. (1988) *Manufacturing Consent: The Political Economy of the Mass Media*, New York: Pantheon.

Hill, S. (1990) "Britain: The Dominant Ideology Thesis after a Decade", in N. Abercrombie et al. (eds.) *Dominant Ideologies*, London: Allen & Unwin.

Himmelstein, H. (1984) *Television Myth and the American Mind*, New York: Praeger.

Hirst, P. & Woolley, P. (1982) *Social Relations and Human Attributes*, London: Tavistock.

Hobsbawm, E. (1983) "Introduction: Inventing Traditions", in E. Hobsbawm & T. Ranger (eds.) *The Invention of Tradition*, Cambridge: Cambridge U Press.

Hobsbawm, E. & Ranger, T. (eds.) (1983) *The Invention of Tradition*, Cambridge: Cambridge U Press.

Hodge, R. & Kress, G. (1988) *Social Semiotics*, Cambridge: Polity.

Hurd, G. (1981) "The TV Presentation of the Police", in T. Bennett et al. (eds.) *Popular TV & Film*, London: BFI.

Intinoli, M. (1985) "Ethnography & Media Production", *Communication* 8,2:245-263.

Jameson, F. (1991) *Postmodernism, or, the Cultural Logic of Late Capitalism*, London: Verso.

Jankowski, N. W. & Wester, F. (1991) "The Qualitative Tradition in Social Science Inquiry: Contributions to Mass Communication Research", in K. B. Jensen & N. W. Jankowshi (eds.), *A Handbook of Qualitative Methodologies for Mass Communication Research*,

London: Routledge.

Janowitz, M. (1960) *The Professional Soldier*, New York: Free Press.

Jenkins, R. (1992) *Pierre Bourdieu*, London: Routledge.

Jenks, C. (ed.) (1993) *Cultural Reproduction*, London: Routledge.

Jensen, K. B. (1992) "The Politics of Polysemy: TV News, Everyday Consciousness and Political Action", in P. Scannell et al. (eds.) *Culture and Power*, London: Sage.

Jhally, S. & Lewis, J. (1992) *Enlightened Racism*, Boulder: Westview.

Kellner, D. (1987) "TV, Ideology, and Emancipatory Popular Culture", in Horace Newcomb (ed.), *Television: The Critical View* (4th ed.), New York: Oxford.

Kellner, D. (1992) "Popular Culture and the Construction of Postmodern Identities", in S. Lash & J. Friedman (eds.) *Modernity and Identity*, Oxford: Blackwell.

Kellner, D. (1995) *Media Culture*, London & New York: Routledge.

Kellner, D. (1997) "Overcoming the Divide: Cultural Studies and Political Economy", in M. Ferguson & P.

Golding (eds.) *Cultural Studies in Question*, London: Sage.

Kreutzner, G. & Seiter, E. (1991) "Not All Soaps Are Created Equal: Towards a Cross Cultural Criticism of TV Serials", *Screen* 32,2:154-172.

Lewis, J. (1991) *Ideological Octopus*, London: Routledge.

Lindlof, T. (1988) "Media Audiences as Interpretative Communities", in J. Anderson (ed.), *Communication YearBook* 11:81-107, Newbury Park: Sage.

Livingstone, S. M. (1990) *Making Sense of Television*, Oxford: Pergamon Press.

Livingstone, S. M. (1992) "The Resourceful Reader: Interpreting TV Character & Narrative", in S. A. Deetz (ed.), *Communication Year Book* 15, Newbury Park: Sage.

Lodziak, C. (1986) *The Power of Television: A Critical Appraisal*, London: Frances Pinter.

Ma, E. K. W. (1995) "The Production of Television Ideologies: A Comparative Study of Public and Commercial to Dramas", *Gazette* 55:39-54.

Ma, E. K. W. (1998) "Re-inventing Hong Kong: Memory, Identity and Television", *International Journal of Cultural Studies* vol.2.

Ma, E. K. W. & Fung, A. Y. H. (1997) "Mediated Re-sinicisation and Nationalisation of the Hong Kong Identity", paper presented in the *International Communication Association Annual Meeting*, May, 1997.

MacCabe, C. (1976) "Theory of Film: Principles of Realism & Pleasures", *Screen* 17:7-27.

Manley, J. F. (1983) "Neo-pluralism: A Class Analysis of Pluralism I & Pluralism II", *American Political Science Review* 77,2:368-383.

Mann, M. (1973) *Consciousness & Action Among the Western Working Class*, London: Macmillan.

Martin-Barbero, J. (1993) *Communication, Culture and Hegemony: From the Media to Mediations*, London: Sage.

Martin-Barbero, J. (1995) "Memory and Form in the Latin American Soap Opera", in R. C. Allen (ed.) *To be Continued: Soap Operas Around the World*, London: Routledge.

McLennan, G. (1989) *Marxism, Pluralism & Beyond*, Cambridge: Polity.

Meeham, E. R. (1986) "Conceptualising Culture as

Commodity: the Problem of TV", *Critical Studies of Mass Communication* 3:448-457.

Miliband, R. (1969) *The State in Capitalist Society*, New York: Basic Books.

Miliband, R. (1989) *Divided Societies: Class Struggle in Contemporary Capitalism*, Oxford: Clarendon Press.

Morley, D. (1980) *The Nationwide Audience: Structure and Decoding*, London: BFI.

Morley, D. (1993) *Television, Audiences, & Cultural Studies*, London: Routledge.

Mouzelis, N. P. (1995) *Sociological Theory: What Went Wrong?*, London: Routledge.

Murdock, G. (1982) "Large Corporations and the Control of the Communications Industries", in M. Gurevitch et al. (eds.) *Media, Society and Culture*, London: Routledge,

Murdock, G. (1989a) "Cultural Studies: Missing Links", *Critical Studies in Mass Communication*, Dec: 436-440.

Murdock, G. (1989b) "Critical Inquiry and Audience Activity", in L. Grossberg et al. (eds.), *Rethinking Communication* (vol. 2), Newbury Park: Sage.

Murdock, G. (1990) "Redrawing the Map of the

Communications Industries: Concentration and Owner-ship in the Era of Privatisation", in M. Ferguson (ed.) *Public Communication: the New Imperatives*, London: Sage.

Murdock, G. (1992) "Citizens, Consumers, and Public Culture", in M. Skovmand et al. (eds.) *Media Cultures: Re-appraising Transnational Media*, London: Routledge.

Murdock, G. (1995) "Across the Great Divide: Cultural Analysis and the Condition of Democracy", *Critical Studies in Mass Communication* 12:62-71.

Newcomb, H. & Hirsch, P. M. (1984) "Television as a Cultural Forum", in W. D. Rowland & B. Watkins (eds.), *Interpreting Television: Current Research Perspectives*, California: Sage.

Newcomb, H. & Alley, R. S. (1983) *The Producer's Medium: Conversations with Creators of American TV*, New York: Oxford.

Peterson, R. A. (1994) "Cultural Studies through the Production Perspective: Progress and Prospects", in D. Crane (ed.) *The Sociology of Culture*, Oxford: Blackwell.

Peterson, R. A. (1982) "Five Constraints on the Production of Culture: Law, Technology, Market,

Organizational Structure and Occupational Careers",
Journal of Popular Culture 6,2:143-153.

Philo, G. (1990) *Seeing is Believing*, London:
Routledge.

Radway, J. (1984) *Reading the Romance*, Chapel Hill: U
of N. Carolina Press.

Rootes, M (1981) "The Dominant Ideology Thesis and
Its Critics", *Sociology* 15,3:436-444.

Rothman, S. (ed.) (1992) *The Mass Media in Liberal
Democratic Societies*, New York: PWPA Book.

Rothman, S. et al. (1992) *Television's America*, in S.
Rothman (ed.).

Rothman S. et al. (1991) *Elites in Conflict: Social
Change in America Today*, Greenwood: Praeger.

Rowland, W. & Watkins, B. (eds.) (1984) *Interpreting
Television: Current Research Perspectives*, Beverly
Hills: Sage.

Ryan, B. (1991) *Making Capital from Culture: The
Corporate form of Capitalist Cultural Production*,
Berlin; New York: de Gruyter.

Samuel, R. (ed.) (1989a) *Patriotism: The Making and
Unmaking of British National Identity (Vol. 1): History*

and Politics, London: Routledge.

Samuel, R (ed.) (1989b) *Patriotism: The Making and Unmaking of British National Identity (Vol. 3): National Fictions*, London: Routledge.

Samuel, R. & Thompson, P. (eds.) (1990) *The Myth We Live By*, London: Routledge.

Sassoon, A. S. (1980) *Gramsci's Politics*, London: Croom Helm.

Scannell, P. (1992) "Public Service Broadcasting and Modern Public Life", in P. Scannell et al. (eds.). *Culture and Power*, London: Sage.

Schiller, H. I. (1989) *Culture Inc.: The Corporate Takeover of Public Expression*, Oxford: Oxford U Press.

Schiller, H. I. (1992) *Mass Communication and American Empire* (2nd ed. updated), Boulder: Westview.

Schlesinger, P. (1994) "Europe's Contradictory Communicative Space", *Daedalus* 123,2:25-52.

Schlesinger, P. et al. (1983) *Televising Terrorism*, London: Comedia.

Schudson, M. (1991) "The Sociology of News Production Revisited", in J. Curran & M. Gurevitch (eds.) *Mass Media and Society*, London: Edward

Arnold .

Schudson, M. (1994) "Culture and the Integration of National Societies", in D. Crane (ed.) *The Sociology of Culture*, Oxford: Blackwell.

Sennett, R. & Cobb, J. (1993) *The Hidden Injuries of Class*, London: Faber & Faber.

Silverstone, R. (1981) *The Message of Television: Myth and Narrative in Contemporary Culture*, London: Heinemann.

Silverstone, R. (1988) "Television Myth and Culture", in J. Carey (ed.) *Media, Myths and Narratives*, Beverly Hill: Sage.

Simon, R. (1991) *Gramsci's Political Thought: An Introduction*, London: Lawrence & Wishant.

Sreberny-Mohammadi, A. (1991) "The Global and the Local in International Communications", in J. Curran & M. Gurevitch (eds.) *Mass Media and Society*, London: Edward Arnold.

Stevenson, N. (1995) *Understanding Media Cultures*, London: Sage.

Sutton, S. (1982) *The Largest Theatre in the World: 30 Years of TV Drama*, London: BBC.

Sweeting, A. E. (1992) "Hong Kong Education within Historical Processes", in G. A. Postiglione (ed.), *Education and Society in Hong Kong*, Hong Kong: University of Hong Kong Press.

Taylor, E. (1989) *Prime-Time Families: TV Culture in Postwar America*, Berkeley: U of California Press.

Tetzlaff, D. (1992) "Popular Culture and Social Control in Late Capitalism", in P. Scannell et al. (eds.). *Culture and Power*, London: Sage.

Thompson, J. B. (1990) *Ideology and Modern Culture*, Cambridge: Polity.

Tomlinson, J. (1991) *Cultural Imperialism*, London: Pinter Publishers.

Traube, E. G. (1992) *Dreaming Identities*, Boulder: Westview.

Tuchman, G. (ed.) (1978) *Hearth & Home: Images of Women in the Mass Media*, New York: Oxford University Press.

Tulloch, J. & Alvarado, M. (1983) *Doctor Who: The Unfolding Text*, London: Macmillan.

Tunstall, J. (1991) "A Media Industry Perspective", in *Communication Year Book* 14:163-186.

Turner, B. S. (1990) "Conclusion: Peroration on Ideology", in N. Abercrombie et al. (eds.).

Turow, J. (1984) *Media Industry: The Production of News and Entertainment*, New York: Longman.

van Dijk, T. (1994) "Discourse Analysis as Social Analysis", *Discourse and Society* 5,2:163-164.

Walsh, D. (1993) "The Role of Ideology in Cultural Reproduction", in C. Jenks (ed.) *Cultural Reproduction*, London: Routledge.

White, M. (1992) "Ideological Analysis and Television", in R. C. Allen (ed.), *Channels of Discourse, Reassembled*, London: Routledge.

電視文化理論　　　　　　　文化手邊冊 41

作　　者／馬傑偉
出 版 者／揚智文化事業股份有限公司
發 行 人／葉忠賢
總 編 輯／孟　樊
執行編輯／晏華璞
登 記 證／局版北市業字第 1117 號
地　　址／台北市新生南路三段 88 號 5 樓之 6
電　　話／(02)2366-0309　2366-0313
傳　　真／(02)2366-0310
E－mail ／tn605547@ms6.tisnet.net.tw
印　　刷／偉勵彩色印刷股份有限公司
法律顧問／北辰著作權事務所　蕭雄淋律師
初版一刷／1998 年 10 月
初版二刷／2000 年 5 月
 I S B N ／957-8446-91-8
定　　價／新台幣 150 元

南區總經銷／昱泓圖書有限公司
地　　址／嘉義市通化四街 45 號
電　　話／(05)231-1949　231-1572
傳　　真／(05)231-1002

國家圖書館出版品預行編目資料

電視文化理論 = Television theories / 馬傑
偉著. -- 初版. -- 台北市:揚智文化,
1998 [民 87]
面; 公分. --(文化手邊冊;41)
參考書目:面
ISBN 957-8446-91-8(平裝)

1.電視--文化 2.大眾傳播--哲學, 原理

541.8301 87011474

通俗文學

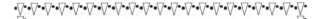

文化手邊冊 01
作者：鄭明娳
策劃：孟樊
定價：150

　　本書從理論與實務兩個層面，探討台灣當代通俗文學的歷史源流與社會背景。一方面釐清傳統所謂通俗文學（下層文化）與嚴肅文學（上層文化）的界線，一方面指出「通俗」與「嚴肅」之間互補與融合的趨勢。

消費文化理論

文化手邊冊 16

作者：陳坤宏

策劃：孟樊

定價：150

消費是創造人類文明、推進文化發展的主要動力之一，因此欲瞭解文化，「消費」當然是不可少的重要一環。本書除了詳述消費文化的理論發展背景，並針對文化、社會、心理、政治、市場（行銷）等領域，介紹它們對消費文化的定義、研究內容及典型代表人物，希望藉由對消費文化理論的認識與反省，建立國人合理、健全的消費行為與態度。

廣告文化

文化手邊冊 17
作者：孫秀蕙、馮建三
策劃：孟樊
定價：150

　　本書涵蓋範圍廣及廣告文化的各個重要層面，從廣告行業為始，及於廣告的社會文化與政治經濟層面，最後以大眾媒介與廣告的關係作結。全書雖以批判的立場發言，卻不徒託空言，而是用經驗資料作為佐證。傳播與社會科學科系師生、媒體從業人員、文化研究者，以及關注文化發展的社會人士，均可從中找到值得參考的篇章。

文化工業

文化手邊冊 26
作者：陳學明
策劃：孟樊
定價：150

　　隨著科技進步，市場經濟的潮流席
捲全球，市場化和都市化成為時代的表
徵。以文化工業生產為特徵、以市民大
眾為消費對象、以現代傳播媒介為手段
的「大眾文化」因而占領了整個世界。
對待當前的「大眾文化」，採取憤世嫉
俗或放任自流的態度都不對，而後者似
乎更加危險。法蘭克福學派理論家的文
化工業理論正能有效防止這種危險的傾
向。

讀者反應理論

文化手邊冊 32
作者：龍協濤
策劃：孟樊
定價：150

　　讀者反應理論是廿世紀中後期在接受美學思潮中發展起來的一門新文學理論，構成當代西方文學批評的基本走向。以讀者為中心的讀者反應理論適應當今人文精神回歸、人的主體性張揚的時代要求。本書簡明扼要但又系統性介紹該理論的觀點、理論淵源、主要代表人物以及發展前景，對於一般讀者和專門研究者都能引發閱讀興趣。

多向文本

文化手邊冊 33

作者：鄭明萱

策劃：孟樊

定價：150

　　多向文本最大的特色就是多重閱讀，由讀者進行書寫、詮釋的「寫式」閱讀，在它的世界裡面，作者「不詳」，書寫即閱讀，閱讀亦即書寫，眾人一起書寫、閱讀，因此作者便是大眾。希望讀者閱讀本書之際，也能把握此原則，秉持質疑與開放的態度，進行思辨式的讀寫，創造屬於自己的文本。